ぜんじおん子どものうた 1

一般社団法人
全日本児童音楽協会 編

ハンナ

JN003261

発刊にあたって

全日本児童音楽協会 会長
塚本一実

氷解け

少しずつ皆

動き出す

2023年7月7日

目　　次

※［ ］数字は歌詞掲載ページを示す。
※作曲の都合で一部歌詞組と違う箇所があります。

あした　えがおに　なあれ

むかいゆうこ 作詞
むかいゆうこ 作曲

作品へのコメント

ひっこしてきたばかりの　ゆきちゃんの　おうちの　にわに　ちいさく　さいた　あかいはな　と　あおいはな。ゆきちゃんは　わくわくしながら　おはなの　いろみずを　つくっています。おともだちが　できたら　あげたいな。そう　おもいながら　みあげた　おそらは　くもって　ちょっぴり　かなしそう。くもった　おかお　あかるく　なあれ。くもった　おかお　げんきに　なあれ。ゆきちゃんも　みんなも　あかるく　えがおで　くらせますように。そんな　ねがいを　こめて　つくりました。

13
(小音符は2番)
p poco
さ く さ い た あ か い は な ち い さ く さ い た あ か い は な お ひ
さ く ゆ ら ゆ ら あ お い は な ち い さ く ゆ ら ゆ ら あ お い は な そ よ
p poco
17
a poco cresc.
さ ま わ ら っ て く れ た か ら こ ん な に あ か る く さ き ま し
か ぜ う た っ て く れ た か ら こ ん な に や さ し く さ き ま し
a poco cresc.
21
mf
mp
た ー く も っ た お か お あ か る く な あ れ
た ー く も っ た お か お げ ん き に な あ れ
mf
mp

25
cresc.
あ　かいおはなで　あかるくなあれ　なあれ　なあれ　あおぞらになあれ
あ　おいおはなで　げんきになあれ　なあれ　なあれ　あおぞらになあれ
cresc.
29
poco rit. e dim.
to Φ
a tempo
あ　したえがおに　な　あれ
あ　したえがおに　な　あれ
a tempo
8va
poco rit. e dim.
mf
33
D.S.
Φ Coda
35
pp
Lu
pp
R.H.

あした　えがおに　なあれ

むかいゆうこ

おひさまの　おかおが　くもっていたら
あかい　いろみず　あげましょう
わたしの　にわの　かたすみに
ちいさく　さいた　あかいはな
おひさま　わらって　くれたから
こんなに　あかるく　さきました
くもった　おかお　あかるく　なあれ
あかい　おはなで　あかるく　なあれ
なあれ　なあれ　あおぞらに　なあれ
あした　えがおに　なあれ

おひさまの　おかおが　くもっていたら
あおい　いろみず　あげましょう
わたしの　にわの　かたすみに
ちいさく　ゆらゆら　あおいはな
そよかぜ　うたって　くれたから
こんなに　やさしく　さきました
くもった　おかお　げんきに　なあれ
あおい　おはなで　げんきに　なあれ
なあれ　なあれ　あおぞらに　なあれ
あした　えがおに　なあれ

あっち　こっち　どっち…

鈴木紀代 作詞
小林仁美 作曲

作品へのコメント

子供の頃、通りすがりに見たまっ赤な大きな花が忘れられずに、もう一度同じ所へ行ってみたけれど見つからない…。しょんぼりする気持ちを奮い立たせて、私の心の中ではあの日のまま、まっ赤に大きく咲いているよ！と、言い聞かせて大手を振って帰った日の事を思い出して書きました。(鈴木紀代)

情景を思い浮かべながら歌いましょう。テンポがあまり速くならないように気を付けてください。最後のＧで二部に分かれます。「ぼく」の心の景色が広がる様子を表現しています。あっちこっちから「あっち、こっち…」と響くよう、グループの人数に応じて配置の工夫などしていただけると嬉しいです。心の中にあるものが大切だというメッセージが伝わりますように。(小林仁美)

B
mp
あっ ち こっ ち どっ ち… あ っち こっ ち どっ
ち… あ の は な し お れ て か れ た っ て ぼ く の
mf
こ こ ろ に さ い て い る よ ー Hu
C
mp

D
mf
25
チ チ チ チ こ と り が
29
な い て い た あ の こ え
も い ち ど き き た く て
32
お や ま へ き た け ど き こ え な い ー ー ー
E
35
mp
あっ ち こっ ち どっ ち…
あっ ち こっ ち どっ ち…
8va

39
mf
こ と り は す だ っ て い っ た っ て ぼ く の こ こ ろ で
42
う た っ て い る よ ー ニ ッ コ
45
F
リ わ ら う と か わ ー い い こ あ の こ に ー も い ち
48
f
ど ー あ い た く て は ま べ に き た け ど で あ ー え

51
な ー い ー
G
53
f
あっ ち こっ ち
どっ ち…
あっ ち こっ ち どっ
あっ ち こっ ち どっ ち…
あっ ち こっ ち
あっ ち こっ ち どっ
56
ff
poco rit.
♩ = 96
mp
ち…
あ の こ が ど こ か で な い て て も ー
ぼ く の

あっちこっちどっち…

鈴木紀代

まっ赤《か》に大《おお》きく　咲《さ》いていた
あの花《はな》もいちど　見《み》たくって
野原《のはら》へ来《き》たけど　みつからない
あっち　こっち　どっち…
あの花《はな》しおれて　かれたって
ぼくの心《こころ》に　咲《さ》いているよ

チチチ小鳥《ことり》が　鳴《な》いていた
あの声《こえ》もいちど　聞《き》きたくて
お山《やま》へ来《き》たけど　聞《き》こえない
あっち　こっち　どっち…
小鳥《ことり》は巣立《すだ》って　行《い》ったって
ぼくの心《こころ》で　歌《うた》っているよ

ニッコリ笑《わら》うと　かわいい子《こ》
あの子《こ》にもいちど　会《あ》いたくて
浜辺《はまべ》に来《き》たけど　出会《であ》えない
あっち　こっち　どっち…
あの子《こ》がどこかで　泣《な》いてても
ぼくの心《こころ》じゃ　笑《わら》っているよ

雨上がりの小さな世界

作品へのコメント

野田裕司　作詞
小田実結子　作曲

雨あがりの風景で見つけた、公園の水たまりに映るひこうき雲や庭先の瑞々しい紫陽花にでんでん虫。そして、雨あがりのお約束と言えば、青空に架かる七色の虹。何気ない暮らしの中に、愛おしいと思える小さな世界がありました。(野田裕司)

繰り返し登場する「小さな世界のその中に」という歌詞の部分は少し弱くし、ワクワクしながらそっと覗き込むようなイメージにしました。雨上がりの爽やかな情景を思い浮かべながら楽しく歌ってください。(小田実結子)

10
mf
そ の な か に ひ こ う き ぐ も が ほ ら う つ っ て
そ の な か に で ん で ん む し が ほ ら か く れ て
そ の な か に お お き な に じ が ほ ら か か っ て
6
13
1, 2.
る
る
15
3.
rit.
る
mp

歌とわたし

まつのしげみ　作詞
藤脇千洋　補作
藤脇千洋　作曲

作品へのコメント

歌は、いつもわたしのそばに寄り添ってくれる存在でした。気分の良い時も悪い時も、気持ちを代弁してくれたり道を切り開いてくれたりします。特に、コロナ禍という人と会えない時期を体験したことで、余計に歌の大切さに気付くことができました。少しずつ緩和されて、その「歌う」という行為を今度は周りの人と共有できたらうれしいです。(まつのしげみ)

どんな時にも歌は楽しく、勇気や元気を与えてくれる。でもこのコロナの中でしっかりと口をあけないと折角のメッセージがうまく伝わらない。そうだ！しっかり発声練習もがんばろう！(藤脇千洋)

12
♩=108　おどけて
う た っ て る
8va
3
16
少しはやめに
さあ！　発声練習をしましょう
(自由に呼びかけてみてください。「みんないい？」「行くわよ？」etc.)
あ え い お う お お お あー
19
か け き こ く こ こ こ かー
さ せ し そ す そ そ そ ま め み も む も も も
21
ぱ ぺ ぴ ぽ ぷ ぽ ぽ ぽ ぱ ぱ ぱ ぱ ぱ ぱ

♩=120 ゆかいに楽しく
23
mf
いいことあったひ うたってる
27
ルルル
ルルル
やなこ とあったひも うたってる ルンルルンルル ルンルルンルル
♩=96 ゆっくりどうどうと
31
f
rit.
ff
なんにも ないひも うた ーって
35
a tempo accelerando
る — —
gliss.

歌とわたし

まつのしげみ　作詞
藤脇千洋　　補作

いいことあった日《ひ》　歌《うた》ってる
やなことあった日《ひ》も　歌《うた》ってる
・・・なんにもない日《ひ》も歌《うた》ってる

♪るんるるん

さあ！
発声練習をしましょう

あえいおうおおあー
かけきこくここかー
させしそすそそ　まめみもむもも
ぱぺぴぽぷぽぽぽぱぱぱぱー

いいことあった日《ひ》　歌《うた》ってる
やなことあった日《ひ》も　歌《うた》ってる
・・・なんにもない日《ひ》も歌《うた》ってる

♪るんるるん

雨上がりの小さな世界

野田裕司

雨上《あめぁ》がりの公園《こうえん》に
ポツンと　まぁるい水《みず》たまり
覗《のぞ》いてごらん　水鏡《みずかがみ》
小《ちぃ》さな世界《せかぃ》のその中《なか》に
ひこうき雲《ぐも》が　ほら　映《うつ》ってる

雨上《あめぁ》がりの庭先《にわさき》で
八重《やぇ》咲《さ》く紫陽花《あじさぃ》　七変化《しちへんげ》
さがしてごらん　花《はな》の陰《かげ》
小《ちぃ》さな世界《せかぃ》のその中《なか》に
でんでん虫《むし》が　ほら　隠《かく》れてる

雨上《あめぁ》がりの約束《やくそく》は
いつもの七色《なないろ》　青《あぉ》い空《そら》
数《かぞ》えてごらん　一二三《ひぃふうみ》
小《ちぃ》さな世界《せかぃ》のその中《なか》に
大《おお》きな虹《にじ》が　ほら　架《か》かってる

おこと

境まさる 作詞
宮嶋固建 作曲

作品へのコメント

日本の楽器って、弾いてみた事ありますか？ ピアノなんかに比べると馴染みが薄い方が大半だと思います。和楽器と子ども達の出会いのきっかけが出来ればと歌にしてみました。「ねぇ、おことって何？」「なんか面白そう、やってみたいな」素敵な出会いがありますように。(境まさる)

「おこと」は、日本の伝統楽器で、この曲を作曲する時、「おこと」の音色と歌詞のイメージをどのように結び付けていくか考えました。私はフルートの練習もしていますので、お琴とフルート共演のように作曲をすることを考えました。伴奏での高音のメロディはフルートの演奏でも素敵だと思います。(宮嶋固建)

おとがすーる
ー
poco rit.
a tempo
おことのいとを
はじいてみると
おことのいとを
はじいてみると
a tempo
あきのよながの
おとがーすーーる
poco rit.
a tempo
こころ
よながの
すーーる
a tempo
poco rit.

24
mp
しずかに
かなでている
と
p
しずかに
p
かなでて
poco rit.
29
mf
いろんな けしきの
おとがーすーる
mp
けしきの
mp
すーーる
33
mf
f

おこと

境まさる

おことのいとをはじいてみると
かわのながれるおとがする
　おことのいとをはじいてみると
　かぜのそよふくおとがする

おことのいとをはじいてみると
あきのよながのおとがする
　こころしずかにかなでていると
いろんなけしきのおとがする

おじいちゃんの面影

まつのしげみ

夏《なつ》の朝《あさ》
縁側《えんがわ》に腰《こし》かけ
お茶《ちゃ》をそそぐ

からんころん
からんころん

氷《こおり》のたわむれ
深《ふか》まるみどり

おてがみ

江上恵子

一

おてがみだったらいえる
たのしかったこと
おともだちにいえる
ありがとうってことば
はずかしいとき　けんかしたとき
すなおになれる
おてがみだったらかける
こんどうちにもあそびにきてね

二

おてがみだったらいえる
うれしかったこと
おかあさんにいえる
だいすきってことば
てれくさいとき　ないちゃったとき
げんきになれる
おてがみだったらかける
おてつだいけんじゅうまいあげる

三

おてがみだったらいえる
こまっていること
まわりのひとにいえる
おねがいってことば
ひとりぼっちで　さびしいとき
がまんをしないで
おてがみだったらかける
あのねせんせいおはなしきいて
おてがみだったらいえる
わたしのきもち

おじいちゃんの面影

まつのしげみ 作詞
加藤新平　作曲

作品へのコメント

子どもの頃、わたしはよくおじいちゃんと縁側で時間を過ごしたものです。春になればうぐいすの鳴き声を聞き、夏になればすいかを食べ、秋には夕日を眺めたものでした。今でも、夏になるとおじいちゃんの好きだったお茶をおじいちゃんの分まで用意してしまうのですが、静かな夏の朝、氷がカランコロンと音を立てるたびにおじいちゃんとわたしが語らっているように感じられると同時に、時は流れているのだとしみじみ思わされます。（まつのしげみ）

ことばの持つリズムの面白さを活かしたいという想いをこめて、懐かしさと新しさとの間を行き来するサウンドを意識しながら作曲しました。時の流れとともに、思い出はより美しく、淡い色合いを帯びてくるものかもしれません。ぜひ、和音の変化も楽しみながら歌っていただけたら幸いです。（加藤新平）

け　おちゃを　そそぐ　ー
からん　ころん　からん　ころん
からん　ころん　からん　ころん　からん　ころん
からん　ころん　こおりの

33
た わ む れ ふ か ま る
37
f
み ど り ふ か ま る み ど
f
42
り ー
mp
46
rit.
mf
p
mp

おてがみ

江上恵子　作詞
江上恵子　作曲

作品へのコメント

１番の歌詞は、大変内気な私の娘が、初めて幼稚園のお友達のおうちによばれた時のことを書きました。また、とても口数の少ないピアノの生徒さんに、心のこもった楽しいお手紙をいただいた事も思い出されます。思っていることをあまりうまく話せないと感じているあなたも、心の中にたくさんのゆたかなものを持っている事でしょう。まわりの人に、たまにお手紙を書いてみるのも良いかもしれませんよ。

13
cresc.
ありがとう って ことば
はずかしい とき けんかした とき
cresc.
17
mf
すなおに なれ る
mp
おてがみだっ たら かけ る
mf
mp
21
こんどうちにも あそびにき て ね
25
おてがみだっ たら いえ る
うれしかっ た こと ー

29
おかあさん　にいえる　だいすきって　ことば
33
cresc.
mf
てれくさい　とき　ないちゃった　とき　げんきに　なれる
37
mp
おてがみだったら　かける　おてつだいけん　じゅうまいあげ
41
る
cresc.
mf

45
dim.
mp
49
mp
おてがみだったら いえる
こまって いること
53
まわりのひとに いえる
おねがいって ことば
57
cresc.
ひとりぼっちで さびしい とき
がまんを しない で
cresc.
f
f

― おてがみだっ たら かける
あのねせんせい おはなしきいて
poco meno mosso
おてがみだっ たら いえる わたしの きも
ち ―
dim.

おとなのせかい・こどものせかい

しもじゆうき 作詞
神 保 創 一 作曲

作品へのコメント

Aパートによる斉唱が基本ですが、音域がかなり広いため、高い音が出にくい場合にはBパートによる斉唱で演奏してみてください。A・Bパートを合わせれば、より元気な合唱としても演奏できます！

34小節からは、よりのびのびとした「こどものせかい」が始まります。楽譜上の遊戯パート（任意）は曲の最後ですが、余裕があれば34小節以降全般についても、手拍子等で楽しく演出してみてはいかがでしょう。（神保創一）

【※Aパートによる斉唱を基本としますが、高い音が出にくい場合はBパートによる斉唱としてください。
また、A・Bパートを組み合わせた二部合唱としても演奏していただけます】

【※ピアノ伴奏は全体を通じ、斉唱時の歌いやすさなどに応じて小音符部分を省いてください】

8
A
B
f
おとう　さん　ゴ　ク　ゴ　ク　おいしそう　でも
おじぃ　ちゃん　モ　ク　モ　ク　たのしそう　でも
11
mp
mf
1.
こどもはのんじゃ　いけないんだって　な　んで
こどもはすーっちゃ　だめなんだーって
14
な　んで??
(rit.　a tempo)

18
2.
f
A
な ん で な ん で??
B
な ん で な ん で??
f
21
mf
A
ず る い みんなの く ち ぐ せ
B
ず る い みんなの く ち ぐ せ
(rit. a tempo)
mp
mf
25
A
『お と な に なっ た ら ね』 で も ね、 つづ け て い う の
B
『お と な に なっ た ら ね』 で も ね、 つづ け て い う の

A
B
『こ ど も に も ど ー れ た ら ー な ぁ ー』 って
『こ ど も に も ど ー れ た ら ー な ぁ ー』 って
〔もとのはやさで〕
そ れ じゃあ ラ ラ ラ ラ ラ ラ ー ラ ラ ラ ー ラ ラ
そ れ じゃあ ラ ラ ラ ラ ラ ラ ー ラ ラ ラ ー ラ ラ
a tempo
※
【※（ ）内は指揮を伴わない場合で特に必要なときに】
み つ け な きゃ、 み つ け な きゃ こ ど も だ け の せ か い ー
み つ け な きゃ、 み つ け な きゃ こ ど も だ け の せ か い ー

40
mp
mf
A
みつけなきゃ、みつけなきゃいましかで
B
みつけなきゃ、みつけなきゃいましかで
mp
mf
43
A
きないーこどものーせかいーお
B
きないーこどものーせかいーお
46
A
となのせかいにーまけないー
B
となのせかいにーまけないー

おとなのせかい・こどものせかい

しもじゆうき

『きょうもいちにちがんばった！』って
おとうさん
ゴクゴク
おいしそう
でもこどもはのんじゃいけないんだって
なんでなんで⁇

『きょうもいちにちおつかれさん』って
おじいちゃん
モクモク
たのしそう
でもこどもはすっちゃだめなんだって
なんでなんで⁇

ずるーい
みんなのくちぐせ
『おとなになったらね』
でもね、つづけていうの
『こどもにもどれたらなぁ』って
それじゃあ
ララ
みつけなきゃ、みつけなきゃ
こどもだけのせかい
みつけなきゃ、みつけなきゃ
いましかできない
こどものせかい
おとなのせかいにまけないように！

おひさま　エプロン

むかい ゆうこ　作詞
むかい ゆうこ　作曲

作品へのコメント

おばあちゃんの　こしに　つけた　エプロンを　とおして　おひさまへの　かんしゃの　きもちを　うたに　してみました。リズムにのって　いきいきと　うたって　いただけたら　うれしいです。

12
(小音符は2番)
か な まっしろ エプロン おりょうり も おそうじ も なん
ちゃ んがつくった エプロン たねまきや ちらしぼり なん
16
でもしっている ちいさなポケットのついた おひさ
でもしっている ちいさなポケットのついた ほしく
20
まのにおいのエプロン きょうもまた きみにおはなし
さのにおいのエプロン きょうもまた きみにおはなし

24
poco a poco cresc.
し て い る よ 「ま い に ち じゃ ぶ じゃ ぶ せ ん た く き は
し て い る よ 「ま き ば で め え め え や ぎ さ ん に な
poco a poco cresc.
28
い る の い や な こ と も あ る だ け ど お ひ さ ま に あ え る ひ は せ
か れ て こ ま る こ と も あ る だ け ど お ひ さ ま に あ え る ひ は エ プ
32
mf
ん た く さ お に つ か ま っ て ぼ く ら の ね が い と ど け に い く よ み ん な
ロ ン の ひ も は た め か せ て ぼ く ら の ね が い と ど け に い く よ み ん な
mf

36
dim.
げ ん き に く ら せ る よ う に あ か ー る い ひ か り の シャ ワ ー ふ り
た の し く く ら せ る よ う に あ か ー る い ひ か り の シャ ワ ー ふ り
dim.
40
mp
そ そ ぎ ま す よ う に」 お ひ さ ま あ り が
そ そ ぎ ま す よ う に」 お ひ さ ま あ り が
mp
44
と う あ た た か な め ぐ み の ひ か
と う や わ ら か な め ぐ み の ひ か

48
poco a poco cresc.
り を く れ て ち い さ な ポ ケッ ト の な か に き み の
り を く れ て ち い さ な ポ ケッ ト の な か に き み の
poco a poco cresc.
52
dim.
ゆ め つ め こ ん で あ し た も き っ と き み の く ち ぶ え
ゆ め つ め こ ん で あ し た も き っ と き み の う た ご え
dim.
56
to Φ
き い て い る
き い て い る
R.H.
mp
mf

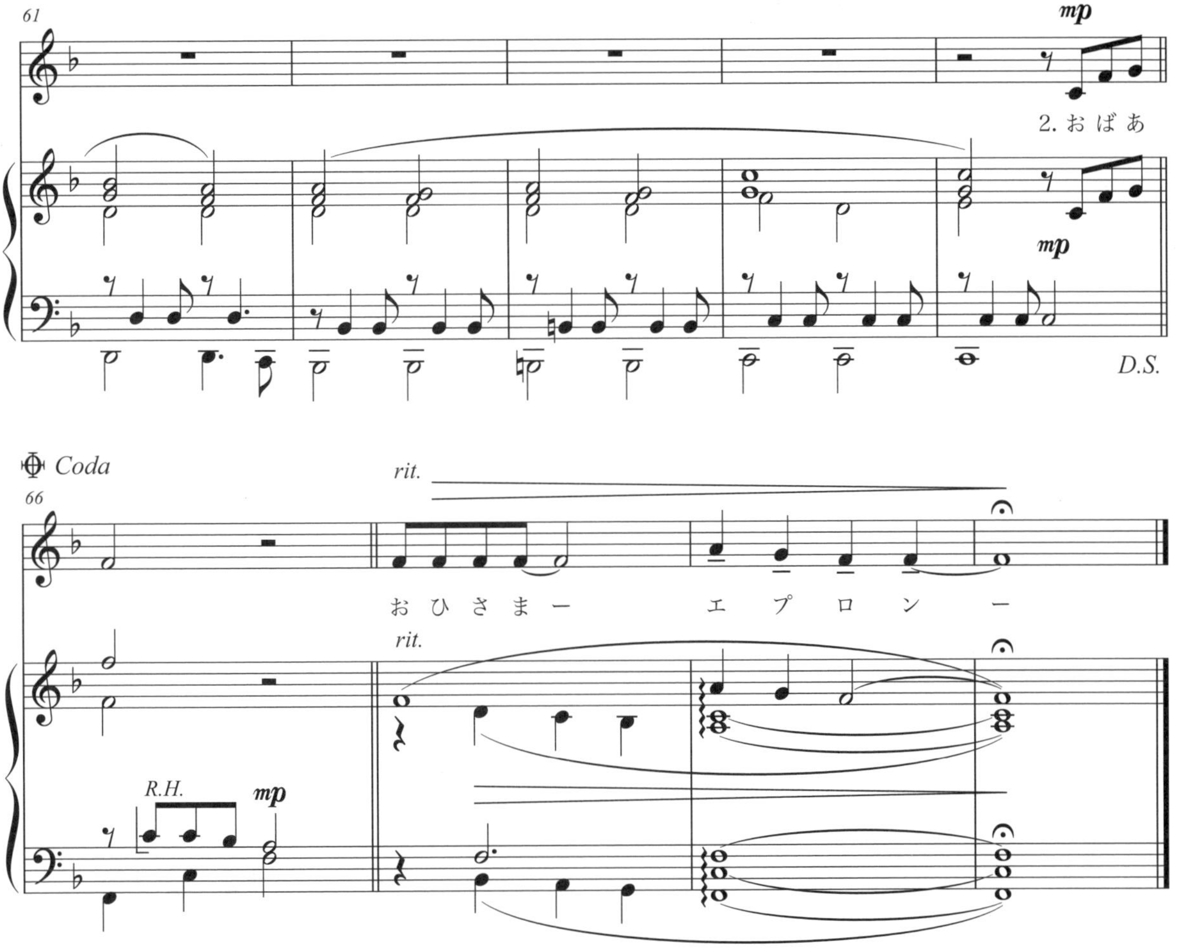

おひさま エプロン

むかいゆうこ

おばあちゃんの こしに つけた
やわらかな まっしろ エプロン
おりょうりも おそうじも なんでも しっている
ちいさな ポケットの ついた
おひさまの においの エプロン
きょうも また きみに おはなし しているよ
「まいにち じゃぶ じゃぶ せんたくき
はいるの いやな ことも ある
だけど おひさまに あえる ひは
せんたくさおに つかまって
ぼくらの ねがい とどけに いくよ
みんな げんきに くらせるように
あかるい ひかりの シャワーふりそそぎますように」
おひさま ありがとう
あたたかな めぐみの ひかりを くれて
ちいさな ポケットの なかに きみの ゆめ つめこんで
あしたも きっと きみの くちぶえ きいている
おひさま エプロン

おばあちゃんの こしに つけた
おばあちゃんが つくった エプロン
たねまきや ちちしぼり なんでも しっている
ちいさな ポケットの ついた
ほしくさの においの エプロン
きょうも また きみに おはなし しているよ
「まきばで めえめえ やぎさんに
なかれて こまる ことも ある
だけど おひさまに あえる ひは
エプロンの ひも はためかせて
ぼくらの ねがい とどけに いくよ
みんな たのしく くらせるように
あかるい ひかりの シャワーふりそそぎますように」
おひさま ありがとう
やわらかな めぐみの ひかりを くれて
ちいさな ポケットの なかに きみの ゆめ つめこんで
あしたも きっときみの うたごえ きいている
おひさま エプロン

おやすみ、おやすみ

作品へのコメント

鳥羽山美和　作詞
小鹿　紡　作曲

子どもの頃、夜寝るときは母の作るおとぎ話を聞いて眠りました。妹と枕を並べて聞き入る、それは楽しみな時間でした。小鳥の話、リスの話、てんとう虫が冒険をする話、そして魔法使いや人魚も登場しました。日々生活していると、思いがけないこととか、さまざまな気持ちを経験する日があります。なんとなく眠れないとき、ふと、昔母の話してくれた物語が夢へと誘ってくれます。それはいくつになっても変わらない、包まれているような懐かしい安心感を与えてくれました。(鳥羽山美和)

子どものうたですが、歌詞を初めて目にしたとき「子どもの心を持った大人のうた」を作りたくなりました。(小鹿 紡)

15
mf
る　とおい　おくにの
mf
19
cresc.
まほうつかいが　ねがい　かなえる
3
3
3
3
cresc.
23
f
ひかりはなつ　よろこびも　さみしさ
f
28
mp
も　こころのおもいぜんぶ　だきしめ
mp

34
ゆ め へ ー お や す み ー お や
40
す み ー お つ き さ ま ほ ほ え ん で い ち に ち お わ る
45
お や す み ー お や す み ー こ リ ス の
50
し ま い た ち も ふ わ り よ り そ う み み

55
をすませば きこえてくるー
59
♩= 60
♩= 120
おとぎばなしの にんぎょの うた ー ー
63
p
あいたくて ー あえなくて ー
p
68
なみだ こぼれたことも だきしめ

おやすみ、おやすみ

鳥羽山美和

おやすみ　おやすみ
お星《ほし》さま輝《かがや》いて　一日《いちにち》終《お》わる
おやすみ　おやすみ
妖精《ようせい》がささやき　小鳥《ことり》も眠《ねむ》る
遠《とお》いお国《くに》の　魔法使《まほうつか》いが
願《ねが》い叶《かな》える　光放《ひかりはな》つ
喜《よろこ》びも　さみしさも
心《こころ》の想《おも》い全部《ぜんぶ》　抱《だ》きしめ夢《ゆめ》へ

おやすみ　おやすみ
お月《つき》さま微笑《ほほえ》んで　一日《いちにち》終《お》わる
おやすみ　おやすみ
子リスの姉妹《しまい》たちも　ふわり寄《よ》り添《そ》う
耳《みみ》を澄《す》ませば　聴《き》こえてくる
おとぎばなしの　人魚《にんぎょ》の歌《うた》
会《あ》いたくて　会《あ》えなくて
涙《なみだ》こぼれたことも　抱《だ》きしめ夢《ゆめ》へ

さくらがいひとつ

藤岡きみこ

朝《あさ》の砂浜《すなはま》で　ひろった
さくらがい
そっと耳《みみ》に寄《よ》せれば
ふるさとの
波《なみ》の音《おと》がきこえる

夕なぎの　砂浜《すなはま》あるけば
さくらがい
みがかれて　みがかれた
その姿《すがた》
月《つき》の光《ひかり》に　かがやくよ

シャインマスカット

田沢 節子

黄緑色《きみどりいろ》の 大《おお》きなぶどう
シャイン シャイン シャインマスカット
一粒《ひとつぶ》 食《た》べれば
氷砂糖《こおりざとう》みたいな
すっきりさわやかな 甘《あま》い汁《しる》が
口《くち》いっぱい 広《ひろ》がるよ
しあわせ感《かん》じる おいしさの
シャイン シャインマスカット

黄緑色《きみどりいろ》の 宝石《ほうせき》のよう
シャイン シャイン シャインマスカット
気品《きひん》を まとった
ぶどうの女王《じょうおう》だね
すっきりさわやかな 甘《あま》い香《かお》り
体中《からだじゅう》に しみてくよ
ケーキの上《うえ》でも かがやいて
シャイン シャインマスカット

対象　小学低学年　中学年　向き

柿の歌

中山まり　作詞
中山まり　作曲

作品へのコメント

すみわたる空に大きく実る柿。
秋を感じて　やわらかい声で
明るく　歌ってください。

I
II
はなにいろなんでしょうかぼ
はなにいろなんでしょういちょ
p
Ped.
ちゃよりあかくってにん
うよりあかくってもみ
simile
じんよりきいろみか
じよりもきいろかえ

21
1.
2.
mf
I
ん と お な じ オ レ ン ジ い ろ か き
で も か わ る オ レ ン ジ い ろ か き
II
ん と お な じ オ レ ン ジ い ろ か き
で も か わ る オ レ ン ジ い ろ か き
26
I
は ふ る さ と の あ き の い ろ す ん
は ふ る さ と に あ き を つ げ ぽ か
II
は ふ る さ と の あ き の い ろ す ん
は ふ る さ と に あ き を つ げ ぽ か
30
I
だ そ ら に お お き く ひ か り ま す き の
ぽ か お へ や に と も り ー ま ー す お しゃ
II
だ そ ら に お お き く ひ か り ま す き の
ぽ か お へ や に と も り ー ま ー す お しゃ

柿の歌

中山まり

柿は　何色なんでしょう
かぼちゃより　赤くって
にんじんより　黄色
みかんと同じ　オレンジ色

柿は　何色なんでしょう
いちょうより　赤くって
もみじよりも　黄色
かえでもかわる　オレンジ色

柿は　ふるさとの秋の色
澄んだ空に　大きく光ります
昨日見た　夕焼け雲のように
私の心　あたためます

柿は　ふるさとに秋をつげ
ポカポカお部屋に　ともります
おしゃべりしながら　たねをとる
優しい　おばあちゃんのように

君と歌えば

（斉唱・二部合唱）

SEIGI　作詞
SEIGI　作曲

作品へのコメント

主人公は大海原へ憧れを抱くゴンドラ乗りを目指す少年または少女。舞台はイタリアのヴェネツィア。カンツォーネのイメージ。「令和の童謡」というコンセプトで、子どもだけでなく大人も一緒に口ずさめる曲を書いてみた。
歌もピアノも難易度はやさしく、主旋律は1オクターブ内に収めた。
1番は斉唱、2番から二部合唱だが、そのまま最後まで斉唱で歌ってもよい。
ワルツのリズムに乗って明るく爽やかに。(SEIGI)

れ　いだいて　ぼうけんのたびにでよ
B
うこぶね　にの一って　あおいう
みとそらめざして　あふれるおもいをむね
にせかいのはてまでも　さあ
C
語りかけて

42
div.
ぼ く と い ー っ し ょ に ラ ラ ラ う た お う
48
D
mf
54
I
(2番から合唱で。斉唱のままでもよい)
mf
E
2. き み と う た え ば
II
mf
2. き み と う
60
こ こ ろ が な ご む の さ や さ し
た え ば こ こ ろ が な ご む や さ し

66
さ かんじて ぽか ぽ かと あたたか い
さ かんじてー ぽかぽか あたたか い
72
F
よ このゆうぞらに ひびくカ
よ このゆうぞらにひびくカ
78
モメたちのこえが ぼくらをはげますよう
モメたちのこえが ぼくらをはげますよう

G 語りかけて
84
f
に ゆ う き を く れ た ん だ さ あ
に ー ゆ う き く れ た ん だ さ あ
90
ぼ く も き み も ラ ラ ラ う た ー お う
ぼ く も き み も ラ ラ ラ う た ー を う た お
96
più f
ー う た を う た お ー ー う ー
う う た う た お ー ー う き み と
3

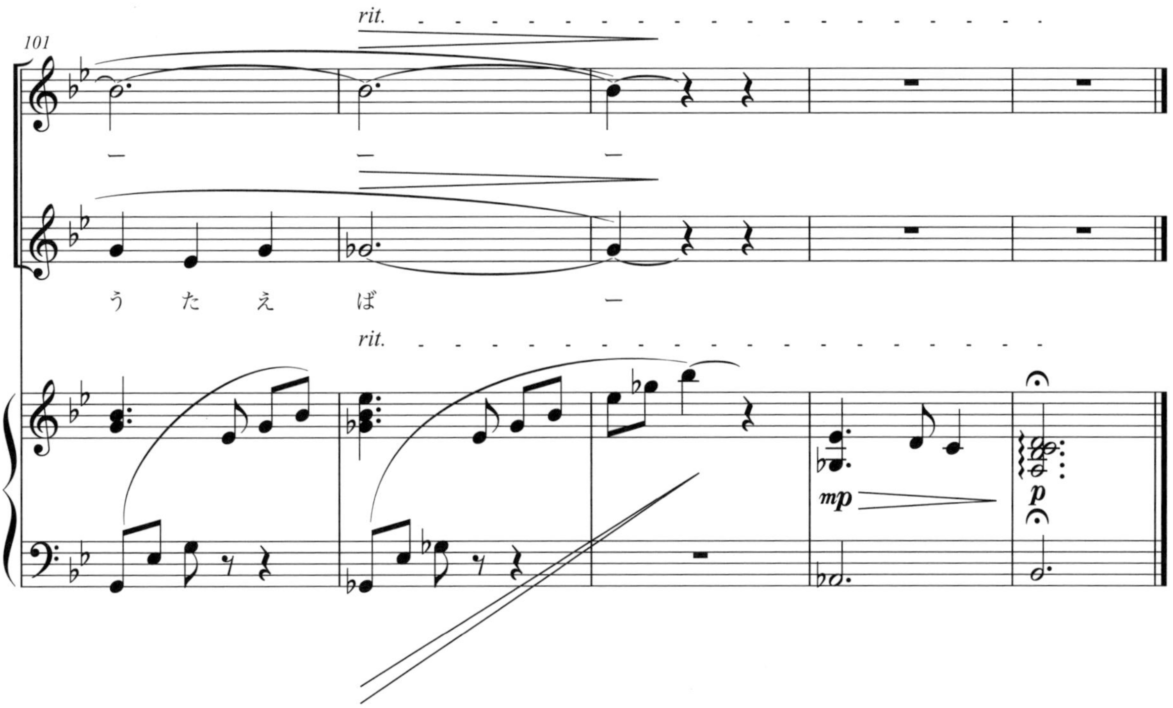

君と歌えば

SEIGI

君《きみ》と歌《うた》えば　心《こころ》がはずむのさ
憧《あこが》れ抱《いだ》いて　冒険《ぼうけん》の旅《たび》に出《で》よう
小舟《こぶね》に乗《の》って　青《あお》い海《うみ》と空《そら》目指《めざ》して
あふれる想《おも》いを胸《むね》に　世界《せかい》の果《は》てまでも

さあ　僕《ぼく》と一緒《いっしょ》に
ララ　歌《うた》おう

君《きみ》と歌《うた》えば　心《こころ》がなごむのさ
優《やさ》しさ感《かん》じて　ぽかぽかと温《あたた》かいよ

この夕空《ゆうぞら》に　響《ひび》くカモメたちの声《こえ》が
僕《ぼく》らを励《はげ》ますように　勇気《ゆうき》をくれたんだ

さあ　僕《ぼく》も君《きみ》も
ララ　歌《うた》おう

歌《うた》を歌《うた》おう（君《きみ》と歌《うた》えば…）

さくらがいひとつ

藤岡きみこ　作詞
上田ますみ　作曲

作品へのコメント

藤岡きみこ先生の素敵な詩にふれて、以前夢中になって観ていたドラマを思い出しました。主人公の妻は近くの浜辺で毎日大好きなさくらがいをひろうことが日課になっていた。その妻が突然病気で亡くなってしまい、悲しみのやり場をさがしていた主人公。今度は自分が妻を想いながら毎日浜辺に通い、さくらがいをひろい続けることに…というエピソード。私なりの想いを寄せて想像をふくらませてみました。(上田ますみ)

14
3
3
み ーの おと が なみの おとがー きこえ
き ーの ひか り つきの ひかりにー かがや
18
る u___ u u___ u u___ ha___
く よー u u___ u u___ ha___
22
1.
2.
rit.
— 2.ゆうなぎ — u___
8va
8va
rit.
8va

シャインマスカット

田沢節子　作詞
北澤秀夫　作曲

作品への
コメント

シャインマスカットを口にすると、さわやかな甘いしるが口いっぱいにほとばしりすっと体中にしみわたります。子どものころ、山登りで疲れた時になめた氷砂糖《こおりざとう》みたいで、元気になれるのです。おいしいくだものを食べた時の、幸せな気持ちを思いうかべ歌っていただけるとうれしいです。(田沢節子)

17
すっ き り さ わ や か な あ ま い し る が
すっ き り さ わ や か な あ ま い か お り
21
く ち いっ ぱ い ひ ろ が る よ
か ら だ じゅう に し み て く よ
25
し あ わ せ か ん じ る お い し さ の
ケ ー キ の う え で も か が や い て
29
mf
シャ イ ン シャ イ ン マ ス カ ッ ト
mf

空からの花火

村田文教　作詞
久米詔子　作曲

作品へのコメント

この作品は、孫と花火を見ることを楽しみにしていたお爺さんが、花火大会の前に亡くなったことをストーリーの核にしています。知り合いの家族の話をモチーフにしました。こどもの歌としては難しいテーマだったかもしれません。今回の作品で、残された人たちの悲しみ、先だった人の無念のほか、刹那ながら華やかな花火が、置かれた環境（現世か否か）を問わず、人の心をつなげてくれるといいな、という思いを込めてつくりました。（村田文教）

初めてこの詩を読んだ時､子どもの頃に亡くした祖父のことを思い出しました｡そして｢おじいちゃん｣と空に向かって呼んでみると、沢山の音が花火の火の粉のように降ってきました。きっと、祖父が今でも私のことを見守っているからなのでしょう。（久米詔子）

15
mf
おじ いちゃん たのしみに していただけ に
mf
19
みてほしい みてほしい
23
mf
dim.
mp
2.いっしょに みるのを
mp
27
かぞくで ねがい ひとつき まてずに

31
mf
とっても つらいけど おじいちゃん そらからも
mf
35
みえるよきっと きれいにね
38
きれいにね
mf
41
mp
dim.

45
mp
3. そ ら か ら　み お ろ す　は な び は　オ シャ レ
mp
49
ち か く て　い ち ば ん　み や す い　ば しょか も ね
53
mf
お じ　い ちゃん　ち じょう か ら　て を ふ る ぼ く が
mf
57
poco rall.
み え る か な　み え る か な
poco rall.
dim.

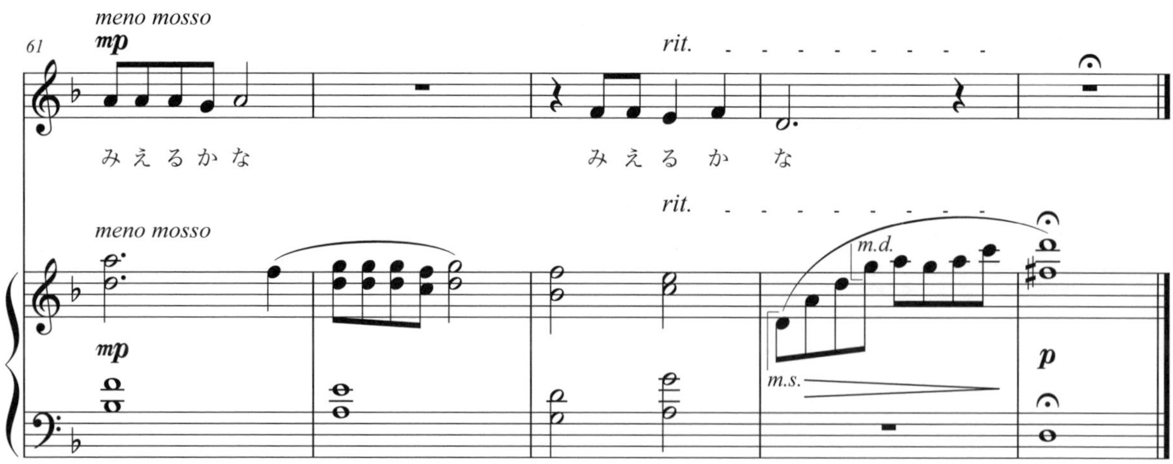

空《そら》からの花火《はなび》

村田文教

（1）絵具《えのぐ》を夜空《よぞら》に　散《ち》らしたような
あざやか花火《はなび》が　ドドンとひびいたよ
おじいちゃん　たのしみにしていただけに
みてほしい　みてほしい

（2）いっしょにみるのを　かぞくで願《ねが》い
一月待《ひとつきま》てずに　とってもつらいけど
おじいちゃん　空《そら》からもみえるよきっと
きれいにね　きれいにね

（3）空《そら》からみおろす　花火《はなび》はオシャレ
近《ちか》くていちばん　みやすい場所《ばしょ》かもね
おじいちゃん　地上《ちじょう》から手《て》をふる僕《ぼく》が
みえるかな　みえるかな

タイムトラベルトイレット

ささじかおり　作詞
ささじかおり　作曲

作品へのコメント

トイレは、ほぼ必ず１日１回はみんなが行く場所。もしトイレがタイムマシンだったら？ ウォッシュレットのボタンがコックピットのボタンだったら？ すべての人に、トイレに行くのが楽しくなってほしい、トイレに行くと元気が出る！ と思ってほしくて、この曲を書きました。旅行に行けなくも、想像力で「旅に出られる世界」は無限にあると信じて…。

17
mp
う
う
す す め ミ ラ イ へ　か な し み な が せ
す す め ア シ タ へ　な み だ も ふ い て
21
mf
ボ タ ン　を お し　て　い ざ ゆ こ う　は る か か な た の　ひ か り の な か へ
ボ タ ン　を お し　て　い ざ ゆ こ う　だ れ も し ら な い　ひ か り の な か へ
25
mp
cresc.
タ イ ム ト ラ ベ ル　トイ　レ ッ ト　トイ　レ ッ ト　トイ　レ ッ ト
タ イ ム ト ラ ベ ル　トイ　レ ッ ト　トイ　レ ッ ト　トイ　レ ッ ト
29
ff
ジャーー　ーー　ト イ レ の と び ら が　ひらい た ら　ま っ て て ミ ラ イ へ
ジャーー　ーー

タイムトラベルトイレット

ささじかおり

一、トイレのとびらが　開《ひら》いたら
うちゅうのかなたへ　旅《たび》に出《で》る
さぁ いすにすわり　前《まえ》をむき
じゅんびオッケー　しゅっぱつしんこう
進《すす》めミライへ　悲《かな》しみ流《なが》せ
ボタンをおして　いざゆこう
はるかかなたの　光《ひかり》の中《なか》へ
タイムトラベルトイレット　トイレット　トイレット
ジャーーーー

二、トイレのとびらが　開《ひら》いたら
地球《ちきゅう》をぬけだし　旅《たび》に出《で》る
さぁ ふたをあけて　せをのばし
じゅんびオッケー　しゅっぱつしんこう
進《すす》めアシタへ　なみだもふいて
ボタンをおして　いざゆこう
だれもしらない　光《ひかり》の中《なか》へ
タイムトラベルトイレット　トイレット　トイレット
ジャーーーー

トイレのとびらが　開《ひら》いたら
待《ま》っててミライへ　ひとっとび
ジャーーー　ジャーーーー

月がみてる

笛木あゆ　作詞
木下紀子　作曲

作品へのコメント

どこにいても何をしていても月はあなたを見ています。優しい光をなげかけながら。そっとね。（笛木あゆ）

私たちに寄り添う、穏やかな月。とりわけ満月の輝きは明るく、いっそう豊かに私たちを照らします。広がる空から優しく語りかけるように演奏して下さい。（木下紀子）

おつきさま わたしをみてる そーっとみてる
おつきさま わたしをみてる そーっとみてる
わらっているときも ないているときも
けんかしていても しかられていても
みあげると
3-1
1.
riten. // a tempo
sub.p
mf
mp
1. そーっといる うれしいときも さみしいときも そらにい

18
2.
riten.
sub.p
p
る
そーっ と み て る
2. そーっ と い る
riten.
sub.p
22
a tempo
mp
mf
ひ と り の と き も
だ れ か と い て も
そ ら に い
a tempo
mp
mf
2
5
25
pp
る
そーっ と み て る
8va
pp

月がみてる

笛木あゆ

夜空《よぞら》にまるい
おつきさま
わたしをみてる
そっとみてる
笑っているときも
泣いているときも
見上《みあ》げると　そっといる
うれしいときも
さみしいときも
空にいる　そっとみてる

夜空にひかる
おつきさま
わたしをみてる
そっとみてる
けんかしていても
しかられていても
見上げると　そっといる
ひとりのときも
だれかといても
空にいる　そっとみてる

手のひら

秋山くに　作詞
塚本一実　作曲

作品へのコメント

「手のひら」には不思議な力がありそうですね。怪我をした時にも「手当」という言葉が使われますものね。この曲はカスタネットが使われていますが、手拍子など、違う魅力的な音も良いです。聴いている人もみんなで手拍子してくださいね。歌い終わった時にはみんなで「手のひら」を見せましょう。(塚本一実)

castanets
まほうのて
rit.
sub. p
dim.
accel.
cresc.
a tempo
3.うれしいときや
かなしいときも
こころホカホカ
わたしのて

手のひら

秋山くに

ねこの子《こ》チビの　あたまをなでる
あったかポカポカ　私《わたし》の手《て》
手《て》のひら　手《て》のひらまほうの手《て》

犬《いぬ》の子《こ》ラブの　背中《せなか》をなでる
やわらかフワフワ　私《わたし》の手《て》
手《て》のひら　手《て》のひらまほうの手《て》

うれしいときや　かなしいときも
こころホカホカ　私《わたし》の手《て》
手《て》のひら　手《て》のひらまほうの手《て》

手《て》のひらの未来《みらい》へ

甲斐絢子

1番

空《そら》に光《ひかり》がさして　大地《だいち》を照《て》らす
鳥《とり》は夜明《よあ》けを　歌《うた》い飛《と》び立《た》つの

吹《ふ》きぬける風《かぜ》　感《かん》じて
瞳《ひとみ》とじれば　ぐっと　力《ちから》みなぎるよ

手《て》のひらの未来《みらい》へ　夢《ゆめ》をえがこう
あふれ出《だ》す思《おも》いを　胸《むね》に抱《だ》きしめて
つまずいてぬぐった　日々《ひび》の涙《なみだ》も
明日《あした》へと続《つづ》く　希望《きぼう》になるから

2番

強《つよ》く咲《さ》く花《はな》のように　遥《はる》かな道《みち》を
ギュッと踏《ふ》みしめ　時《とき》をかけていく

振《ふ》り向《(む)》かず今《いま》　進《すす》もう
信《しん》じていれば　きっと　願《ねが》い叶《かな》うはず

手《て》のひらの未来《みらい》へ　夢《ゆめ》をつなごう
何気《なにげ》ない瞬間《しゅんかん》を　胸《むね》に焼《や》きつけて
かけがえのないもの　遠《とお》い記憶《きおく》は
明日《あした》への生《い》きる　希望《きぼう》になるから

にわとりカラス

境まさる

1

おねぼう村《むら》のにわとりが
となりのまちにひっこして
だれもかれもがあさねぼう
これはタイヘンいちだいじ
オイラがなんとかしなければ
「カァー」「カァー」「カッカカッカァーッ」
みんなあさだぞ　めをさませ

2

おねぼう村《むら》はその日《ひ》から
ダミごえカラスのなきごえで
だれもかれもがめをさます
そうさ　いまではまいにちの
オイラのだいじなオシゴトさ
「カァー」「カァー」「カッカカッカァーッ」
みんなあさだぞ　めをさませ

手のひらの未来へ

甲斐絢子　作詞
関戸由佳　作曲

作品へのコメント

経験した思いや感情は、かけがえのない宝物です。心の中にある大切なものを、手のひらでそっとつかむように、未来へ夢を想い描きながら、優しく口ずさんでみましょう！（甲斐絢子）

「手のひらの未来へ夢を描こう」子どもたちの未来は自身のその手で開く、という想いが込められた甲斐さんの素敵な歌詞に、希望のある音を添えました。明るく尊く壮大に演奏して欲しいと思います。（関戸由佳）

とりは　よあけを
ちをてらす　とりは　よあけをうた
espressivo　mf
B
いとびたつの　ふ　きぬける　か
mf
cresc. ぐっと
ぜかんーじて　ひとみとじれーば
cresc.
ぐっと　ちか
grandioso　f
らみなぎーるよ　ての
f

21
C
ひ らのみらい へ ゆめ を ーえがこ う あ
25
ふ れだす おも い を むね に だき しめ ー て つま
29
ず い て ぬぐ った ひび の ーなみだ も
つ づ く
33
ff
あ したへ と つづ く きぼう に な るーか
ff

36
ら
dolce
mf
39
unis.
mp
D
つ よ く　さ く は
mp
42
ギュッ と　ふ み し
な の よ う に は る か　な み ち　を　ギュッ と
46
め
espressivo
mf
ふ み し め　と き　を　か け て い　く　ふ
mf

E
49
cresc. きっ
り む か ず い ま す す ー も う し ん じ て い れ ば
53
と
cresc.
き っ と ね が い か な う ー は ず
56
grandioso
f
F
て の ひ ら の み ら い へ ゆ め
59
ff
を ー つ な ご う な に げ な い しゅ ん か ん を む ね

63
V
に や き つ ー け て か け が え の な い も
ff
66
の と お い ー き お く は
cresc.
あ し た へ の
70
V
い き る き ぼ う に な る ー か ら
dolce
73
allargando
8va

夏の空とぼく

笛木あゆ　作詞
久保共生　作曲

作品へのコメント

白いもくもくの雲、まぶしい光、夏の空に向かって歌おう。ぼくたちの心の迷いをきっときいてくれるよ。（笛木あゆ）

まだ見ぬ世界への夢やロマンといったものをイメージして作曲しました。堂々と晴れやかな気分で歌ってください。（久保共生）

12
がっ て な い か と こ こ ろ の ま よ い こ え に し た
れ て な い か と こ こ ろ の ま よ い う た に し た
15
p
mp
そ ら は こ た え て く れ る か な ぼ く の ー め に
そ ら は こ た え て く れ る か な ぼ く の ー こ え
18
mf
p
み え る も の ぼ く の て に ふ れ る も
と ど い て も ぼ く の ゆ め つ づ い て

21
f
の　それ は　せ か い の　ほん の ー さ きっ ぽ
も　それ は　ち い さ な　ほし の ー か け ら
f
24
mp
f
さ　だ け ど あ る き　つ づ け た い　ひ み
さ　だ け ど う た い　つ づ け た い　ひ か
mp
f
27
mp
つ　の と び ら　み つ け た
る　しゅ ー ん かーん　み つ け た
sub.mp

夏の空とぼく

笛木あゆ

夏の空に　きいてみた
方角《ほうがく》は　まちがってないかと
心のまよい　声にした
空は　応《こた》えてくれるかな
ぼくの目に　見えるもの
ぼくの手に　触《ふ》れるもの
それは世界の　ほんの先《さき》っぽさ
だけど　歩きつづけたい
秘密のとびら　みつけたい

夏の空に　きいてみた
この道は　とぎれてないかと
心のまよい　歌にした
空は　応えてくれるかな
ぼくの声　とどいても
ぼくの夢　つづいても
それは小さな　星のかけらさ
だけど　歌いつづけたい
光る瞬間　みつけたい

にわとりカラス

境まさる　作詞
北澤秀夫　作曲

作品へのコメント

カラスにしてみれば、やったことのない、もしかしたら苦手な分野の仕事なのかもしれません。それでも「一大事、誰かがやらなくては」と頑張っている姿には頭が下がります。「何かヘン」なんて笑っちゃダメですよ！　いつもありがとう、感謝してます。(境まさる)

13
だれもかれもがあさねぼう
だれもかれもがめをさます
17
これはタイヘン いちだいじ オイラがなんとか しなければ
そうさいまでは まいにちの オイラのだいじな オシゴトさ
21
カアカアカッカッカアーッ
25
rit.
みんなあさだぞめをさませ
rit.

にわとりコッコ

藤岡きみこ　作詞
平井　由美　作曲

作品へのコメント

「コケコッコー」や「コッコココッコ」の小節は、にわとりになったつもりで自由に歌っても楽しいですね。(平井由美)

にわとりコッコ

藤岡きみこ

毛糸《けいと》であんだ
おんどり　コッコ
おめめをつけて
口《くち》ばしつけて
とさかをつけたら
「コケコッコー」となないたよ

毛糸《けいと》であんだ
めんどり　コッコ
たまごをひとつ
ぽとんとうんだ
おそらをみあげて
「コッコ　コッコ」とないたよ

ハシビロコウ

三木ちかこ 作詞
伊沢天寿 作曲

作品へのコメント

ひとつずつのことばをはきはき楽しむように歌ってください。（三木ちかこ）

食べ物？動物？一瞬迷ってしまいそうな名前がたくさん出てくる楽しい歌詞をみなさんが楽しく歌っている姿を想像して作りました。ハシビロコウは動かない鳥で有名なんです。けれども実はハシビロコウも動かないだけで心はとても楽しい気分だったりするのかもしれません。ハシビロコウの代わりに皆さんが楽しそうに元気いっぱいに歌ってくれたら嬉しいです！（伊沢天寿）

パパイヤ ペンギン あらあら ペンギンた べ ら れないねと
べ ないとりの ペンギンと ネ コ ではないけど ウミネコと
うごかな い とり ハ シビ ロ コウ ペンギン ウミネコ
ハ シビ ロ コウ ぼくはだ い すき ハ シビ ロ コウ

アルパカ　カピバラ　インパラ　パプリカ　タピオカ
パパイヤ　ペンギンウミネコ　ハシビロコウ
いつかはうごくよ　ハシビロコウ　ぼくはだいすき　ハシビロコウ

ハッパッピー

遙　北斗 作詞
新藤理恵 作曲

作品へのコメント

誰もが、いつかは自分がステージの真ん中で輝く瞬間を待っている。でもたとえスポットライトが当たらなくとも、必ず舞台を支える存在がいることにも気付いてほしい。大人も子どもも、それぞれの解釈で心に秘めた思いを歌いあげてもらえたら、と願って書いてみました。(遙北斗)

楽しく歌ってハッピーになりましょう！（新藤理恵）

17
mp
ちょっとひかえめ　みどりのいしょう　はなのステージ　ひきたてる
あかやきいろの　ドレスをきると　むしがすてきと　うたいだす
mp
21
mf
ハッ　パ　ハッ　パ　ハッ　パ　パ　ハッ　パ　ハッ　パ　ハッ　パ　パ
ハッ　パ　ハッ　パ　ハッ　パ　パ　ハッ　パ　ハッ　パ　ハッ　パ　パ
mf
25
ハッ　パ　ハッ　パ　ハッ　パ　パ　ハッ　パ　ハッ　パ　ハッ　パ　パ
ハッ　パ　ハッ　パ　ハッ　パ　パ　ハッ　パ　ハッ　パ　ハッ　パ　パ
29
to Φ
f
かぜにさそわれ　ひらひらダンス　はっぱでハッピー　ハッ　パッ　ピー
みんなうきうき　しあわせきぶん　はっぱもハッピー　ハッ　パッ　ピー
f

33
mf
37
D.S.
Coda
41
45
48
ハッ ピー ー
ff

春っ　とうじょう！

遙　北斗　作詞
藤元薫子　作曲

作品へのコメント

四季の移り変わりを抒情的に歌い上げる日本の名曲はたくさんあります。でも、やっかいな冬をサバサバと見送り、みんなで期待感をもって春を迎える元気いっぱいの歌もあっていいのではと思います。発表会などで歌う際には、春と冬を表現した大きめの絵やボードなどを用いた演出も面白そうですよね。（遙北斗）

春《はる》っ とうじょう！

遙《はるか》 北斗《ほくと》

春《はる》が みちくさ していると
ちゃっかり 冬《ふゆ》が あともどり
あられや みぞれを 降《ふ》らせたり
ときどき ふぶきで 悪《わる》ふざけ
あんまり いたずら していると
レッド カードを 出《だ》しちゃうぞ
冬っ たいじょう！

春《はる》は ほんとに のんきだな
ちこくを しても あわてない
あくびを しながら やってきて
ほっこり 大地《だいち》を 温《あたた》める
蕾《つぼみ》が 合図《あいず》を 出《だ》したなら
みんな はくしゅで むかえよう
春《はる》っ とうじょう！

ぴあの

まつのしげみ 作詞
小林聡羅 作曲

作品へのコメント

音楽とは楽器だけなのでしょうか。そうではなく、きっと音楽はどこにでもあるのです。世界は音楽に包まれています。ただ自分が気付くか気付かないか、それだけ。もっと言えば、この世界はひとつの曲ともいえるかもしれません。横のつながり（生態系）も縦のつながり（はるか昔のご先祖様とずっと先に生まれてくる子どもたち）も目には見えませんが、ひとつのハーモニーを形成しているようにわたしには思えます。（まつのしげみ）

ハーモニーの変化を楽しみながら歌ってください。（小林聡羅）

18
mp
mf
かぜの ささやき むしのこえ
かわの せせらぎ
24
poco rit.
a tempo
mp
ことりの うた
あめの たわむれ
きぎのいき
f
30
poco rit.
f
a tempo
きみの あしおと
むねのこどう
そのぜんぶ

36
mp
mf
に　み み す ま せ ば　お と が う ご き
42
mf
だ　す　あ た ら し い　せ ん り つ
48
p
に　う ま れ か わ る
53
mf
p

ハシビロコウ

三木ちかこ

たのしい　なまえを　みつけたよ
アルパカ　カピバラ　インパラ　パプリカ
あらあら　パプリカ　たべものだった
パプリカ　タピオカ　パパイヤ　ペンギン
あらあら　ペンギン　たべられないね
とべない　とりの　ペンギンと
ネコでは　ないけど　ウミネコと
うごかない　とり　ハシビロコウ
ペンギン　ウミネコ　ハシビロコウ
ぼくは　だいすき　ハシビロコウ

アルパカ　カピバラ　インパラ
パプリカ　タピオカ　パパイヤ
ペンギン　ウミネコ　ハシビロコウ
いつかは　うごくよ　ハシビロコウ
ぼくは　だいすき　ハシビロコウ

ハッパッピー

遙《はるか》　北斗《ほくと》

綺麗《きれい》な　花《はな》びら　咲《さ》いてる時《とき》に
私《わたし》は　素敵《すてき》と　言《い》われない
ちょっと　控《ひか》え目《め》　緑《みどり》の衣装《いしょう》
花《はな》の　ステージ　引《ひ》き立《た》てる
ハッパハッパ　ハッパパ
ハッパハッパ　ハッパパ
ハッパハッパ　ハッパパ
ハッパハッパ　ハッパパ
風《かぜ》に　誘《さそ》われ　ひらひらダンス
葉《は》っぱで　ハッピー　ハッパッピー
花《はな》びら　しぼんで　寂《さび》しくなると
私《わたし》が　今度《こんど》は　主役《しゅやく》です
赤《あか》や　黄色《きいろ》の　ドレスを着《き》ると
虫《むし》が　素敵《すてき》と　歌《うた》い出《だ》す
ハッパハッパ　ハッパパ
ハッパハッパ　ハッパパ
ハッパハッパ　ハッパパ
ハッパハッパ　ハッパパ
みんな　うきうき　幸《しあわ》せ気分《きぶん》
葉《は》っぱも　ハッピー　ハッパッピー
ハッピー

ぴあの

まつのしげみ

ポン・・・

こわれたぴあの
1音《おん》だけ鳴《な》らしてみる
それだけ？
さびしいと思《おも》う？
でもね、
目《め》をつぶって
風《かぜ》のささやき　虫《むし》の声《こえ》
川《かわ》のせせらぎ　小鳥《ことり》の歌《うた》
雨《あめ》のたわむれ　木々《きぎ》の息《いき》
きみのあしおと
むねのこどう
そのぜんぶに耳《みみ》すませば
音《おと》が動《うご》き出《だ》す
新《あたら》しい旋律《せんりつ》に
生《う》まれかわる

引越し雨日和

まつのしげみ　作詞
北澤秀夫　作曲

作品へのコメント

引越しのように新しい環境に身を置くときは、周りがこわく見えたり変に緊張してしまったりするものです。でも、カラをやぶってお外の世界へ出てみれば、きっとステキなことにも出会えるはず！ そんな少しのドキドキも胸に、思い切ってお外へ出てみるのもいいかもしれません。(まつのしげみ)

14
mp
mf
か さ ー ー ち い さ い か さ ー あ か ー い か さ ー
お そ ら に は ん ー しゃ し て ー あ た ま の う え に
mp
mf
19
あ お ー い か さ ー ひ ら ー り ひ ら り
に じ ー が さ く ー し た ー へ お り て
23
mf
1.
お は な の よ う に そ と ー の せ か い を い ろ ー ど
み よ ー う か 𝄾 な わ た し の に じ ー も
mf
28
2.
rit.
る き え な い う ち ー に
rit.

ひまわり

さいとうかよこ　作詞
柳井和郎　作曲

11
ひまわりー
16
♩. = 72
mp
たちあがれ
21
たてたてはしらをーあげーようー
25
mf
たおれてはーみちゆく

28
ひとが かなしかろ ー
31
みずを あげよう ー ー ー
35
mp
mp
うーたをうたーって ー きいろい
39
ff
ff
はなを さー

42
mp
ー か せ る ん だ ー み ず み ず し い
mp
47
つ よ ー い き ー だ
52
rit.
Tempo I ♩= 72
mf
f
58
f
た い よ う の し た で ま だ ま だ さ け わ ら っ て ろ
f

ひまわり

さいとうかよこ

パーンドカン
花火が上がる
人の後に人続く
夏がゆく 花に嵐の夏がゆく
野分の庭の向日葵
立ち上がれ立て立て
柱を上げよう
倒れては道行く人が
哀しかろ 水を上げよう
歌を歌って 黄色い花を
咲かせるんだ
みずみずしい強い黄だ
太陽の下でまだまだ咲け
笑ってろ
隣でコスモス揺れてる

引越し雨日和

まつのしげみ

みぎひだりみぎひだり
広《ひろ》げたかさが行《い》ったり来《き》たり
大《おお》きいかさ小《ちい》さいかさ
赤《あか》いかさ青《あお》いかさ
ひらりひらりお花《はな》のように
外《そと》の世界《せかい》をいろどる
そうしてだんだんしおれていくけ
ど
今度《こんど》はお空《そら》に反射《はんしゃ》して
あたまの上《うえ》に虹《にじ》が咲《さ》く
下《した》へおりてみようかな
わたしの虹《にじ》も消《き》えないうちに

第3回　新しいこどもの歌作詞コンクール 「チューリップ賞」受賞作品

まあるいマンボ

宮崎祐里子 作詞
望月竜太 作曲

作品へのコメント

この詩を初めて読んだときに、子どもの頃に飼っていた犬との思い出が蘇ってきました。子犬との出会いや抱き上げたときの感動を音楽で表現できたら…そんな思いで作曲しました。「マンボ」という歌詞が何度も現れるので、場面ごとにどのような気持ちで名前を呼んでいるのか考えながら歌ってみてください。 副次的な旋律のパートはオプションです。発達段階に応じて斉唱でも合唱でも扱うことが できます。(望月竜太)

17
もふもふせなかー ほんのりちゃいろいくせげだーよー
かなしいときもー ころげておどけてわらーっちゃーうー
21
もふもふせなかー ほんのりちゃいろいくせげだよ
かなしいときもー ころげておどけてわらーっちゃう
もふもふせなかー ほんのりちゃいろいくせげだよ
かなしいときもー ころげておどけてわらーっちゃう
24
ー マーンボ マーンボ マーンボ まあるい
ー まあるい
ー マーンボ マーンボ マーンボ まあるい
ー まあるい

28
こいぬー ぼくのだいじなー おともだーち
てあしー ぼくのせなかにー のせてくーる
(V)
こいぬー ぼくのだいじなー おともだーち
てあしー ぼくのせなかにー のせてくーる
32
1.
2.
rit.
rit.
mp
♩= 92くらい
36
mp
3. マーンボ マーンボ ふさふさ しーっぽーぼくに
mp
3. マーンボ マーンボ ふさふさ しーっぽーぼくに
♩= 92くらい

40
accel.
ふ り ふ り ー　ふ ーっ て く ー る ー
ふ り ふ り ー　ふ ーっ て く ー る ー
accel.
♩= 100くらい
44
mf
マ ー ン ボ　マ ー ン ボ　ま あ る い　い の ー ち ー きょう
mf
マ ー ン ボ　マ ー ン ボ　ま あ る い　い の ー ち ー
♩= 100くらい
mf
f
48
も　きょう も ぎゅーっ と ー　だ ー い ー す き！
f
きょ う も　ぎゅーっ と ー　だ　ー い ー す き！
f

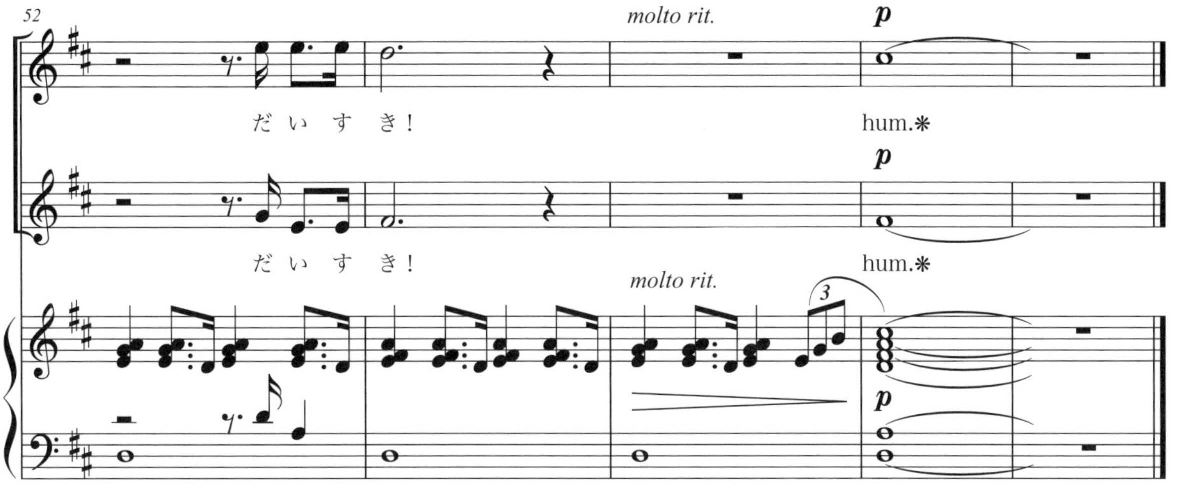

❋…ハミングは省略してもよい。

作品へのコメント

私は、夫と子ども2人とともに横浜から北海道に移住しました。自然豊かな土地で、大好きな犬や猫を飼うのが夢でした。丸くてぷくぷくの子犬が、我が家にやってきた時のいとおしさは忘れられません。家族を笑顔にする天使のようでした。この詞は実体験をもとに、子犬を初めて飼う子どものうれしさ、命にふれた時の温もりを伝えたいと思って作りました。動物好きな子どもたちに、楽しく口ずさんでもらえたら幸いです。（宮崎祐里子）

まあるいマンボ

宮崎祐里子

1、
マンボ　マンボ
まあるい子犬《こいぬ》
ぼくの　大事《だいじ》な
おともだち
マンボ　マンボ
もふもふ背中《せなか》
ほんのり　茶色《ちゃいろ》い
くせ毛《げ》だよ

2、
マンボ　マンボ
まあるい手足《てあし》
ぼくの　せなかに
のせてくる
マンボ　マンボ
かなしいときも
ころげて　おどけて
わらっちゃう

3、
マンボ　マンボ
ふさふさシッポ
ぼくに　ふりふり
ふってくる
マンボ　マンボ
まあるい命《いのち》
きょうも　ぎゅーっと
だーいすき！

まっくら旅行《りょこう》

ささじかおり

夜《よる》ねるまえに　目《め》をとじて
まっくら旅行《りょこう》に　出《で》かけよう
うごーかなくても　うごーけなくても
どこにだって　行《い》けるのさ
チョウになって　川《かわ》こえて
歌《うた》う小鳥《ことり》に　ごあいさつ
はたらくハチを　なぐさめて
お花《はな》のホテルで　ひと休《やす》み
かならずのぼる　太陽《たいよう》に
ありがとうと伝《つた》えたら
かならずおりる　太陽《たいよう》に
おつかれさまと伝《つた》えたら
まっくらくらは　こわくない
さぁ　まっくら旅行《りょこう》に出《で》かけよう

夜《よる》ねるまえに　目《め》をとじて
まっくらりょこうに　出《で》かけよう
見《み》えーなくても　聞《き》こーえなくても
だれにだって　会《あ》えるのさ
カメになって　海《うみ》こえて
歌《うた》うイルカに　ごあいさつ
花《はな》さくサンゴの　さんぽみち
りゅうぐうじょうで　ひと休《やす》み
かならずのぼる　太陽《たいよう》に
ありがとうと伝《つた》えたら
かならずおりる　太陽《たいよう》に
おつかれさまと伝《つた》えたら
まっくらくらは　こわくない
さぁ　まっくら旅行《りょこう》に出《で》かけよう
さぁ　まっくら旅行《りょこう》に出《で》かけよう

まっくら旅行

ささじかおり 作詞
神保創一 作曲

17
mf
(2番は上の音符)
わこえて うたうことりにごあいさつ はたらくはちをな
みこえて うたうイルカにごあいさつ はなさくサンゴの
mf
21
f
(タイは2番だけ)
〔ちょっとひとやすみ〕
p
ぐさめて おはなのホテルでひとやすみ
さんぽみち りゅうぐうじょうでーひとやすみ
f
p
mf
25
1.
mf
かならずのぼるたいように ありがとうとつたえたら
29
かならずおりるたいように おつかれさまとつたえたら

【※伴奏の難易その他お好みに応じ、2番歌詞の41～48小節の伴奏については25～32小節の伴奏に替えることができます】

作品へのコメント

電気を消してまっくらな中で寝るのは怖い。それは子どもだけではなく、大人でも時々そうだと思います。(疲れて寝る時は別ですが）でも、目を閉じて想像力を使えば、どこにだっていけるし、何にだってなれるし、誰にだって会える。そこには無限の世界が広がっています。なんと楽しいことか！ 安心して目を閉じて、好きなものになって、好きなところへ、好きな人に会いに行こうね、という想いで書きました。(ささじかおり)

子ども達にとっては未知の領域であろう、昔のいわゆる８ビットゲーム機のＢＧＭの雰囲気を織り交ぜてみました。今ならかなりシンプルに思える画像や音を、当時は各々の想像力で豊かに膨らませ、楽しんでいたものです。歌い手や聴き手の自由な発想の助けになりますように！（神保創一）

楽しい眠りへの誘いは、安心な夜と元気な朝が約束されてこそのものでしょう。争いや災害、病が絶えない世の中ですが､全ての子ども達が夢の世界へ笑顔で旅立つことができますよう､本作を通して祈ります。(ささじかおり＋神保創一)

もうすぐ卒業式

境まさる　作詞
松岡まさる　作曲

作品へのコメント

小学生といっても卒業間近にもなると、ちょっとだけ大人に近づいた感じがします。通い慣れた学校からの旅立ちを目前にして、みんなどんな気持ちでいるのでしょう。当時の自分の事を思い出しながら詞を書いてみました。(境まさる)

卒業して羽ばたいていく力強さとみんなと別れる寂しさを感情表現いただければ嬉しいです。(松岡まさる)

もうすぐ卒業式

境まさる

風《かぜ》が春《はる》をさそう頃《ころ》
この校舎《こうしゃ》にもお別《わか》れします
もうすぐ卒業式《そつぎょうしき》

急《きゅう》に大人《おとな》になったよう
制服《せいふく》を着《き》て通《とお》り過《す》ぎ行《ゆ》く
去年《きょねん》の卒業生《そつぎょうせい》

少《すこ》し寒《さむ》い校庭《こうてい》へ
駆《か》け出《だ》す足《あし》に砂《すな》けむり立《た》つ
もうすぐ巣立《すだ》ちの時《とき》

約束の道　帰り道

作品への
コメント

野田裕司　作詞
木村茂雄　作曲

「また明日」、約束を交わしながら歩く帰り道。合言葉は、友情の証し、日々への感謝、そして、自分へのエール。今日という、かけがえのない一日を大切に。続きは、「また明日」・・・。(野田裕司)

詩を読んでいますと、子ども時代の思い出が蘇ってきます。子どもたちに幸せな毎日が続きますことを願いながら曲をつくらせていただきました。(木村茂雄)

13
p mf mp
きょう の つ づ き は 「ま た あ し た」
きょう も あ え た ね 「ま た あ し た」
きょう が お わ る よ 「ま た あ し た」
C9 D9/F♯ G9 C9/E C9
17
き み と ぼ く と の あ い こ と ば
は な と ぼ く と の あ い こ と ば
か げ と ぼ く と の あ い こ と ば
や
F Dm B♭ B♭/D F F7/E♭
21
く ー そ く ー の み ち か
poco riten.
a tempo
B♭/D Gm7(♭5) Am D7/F♯ C9(♭5)/G♭

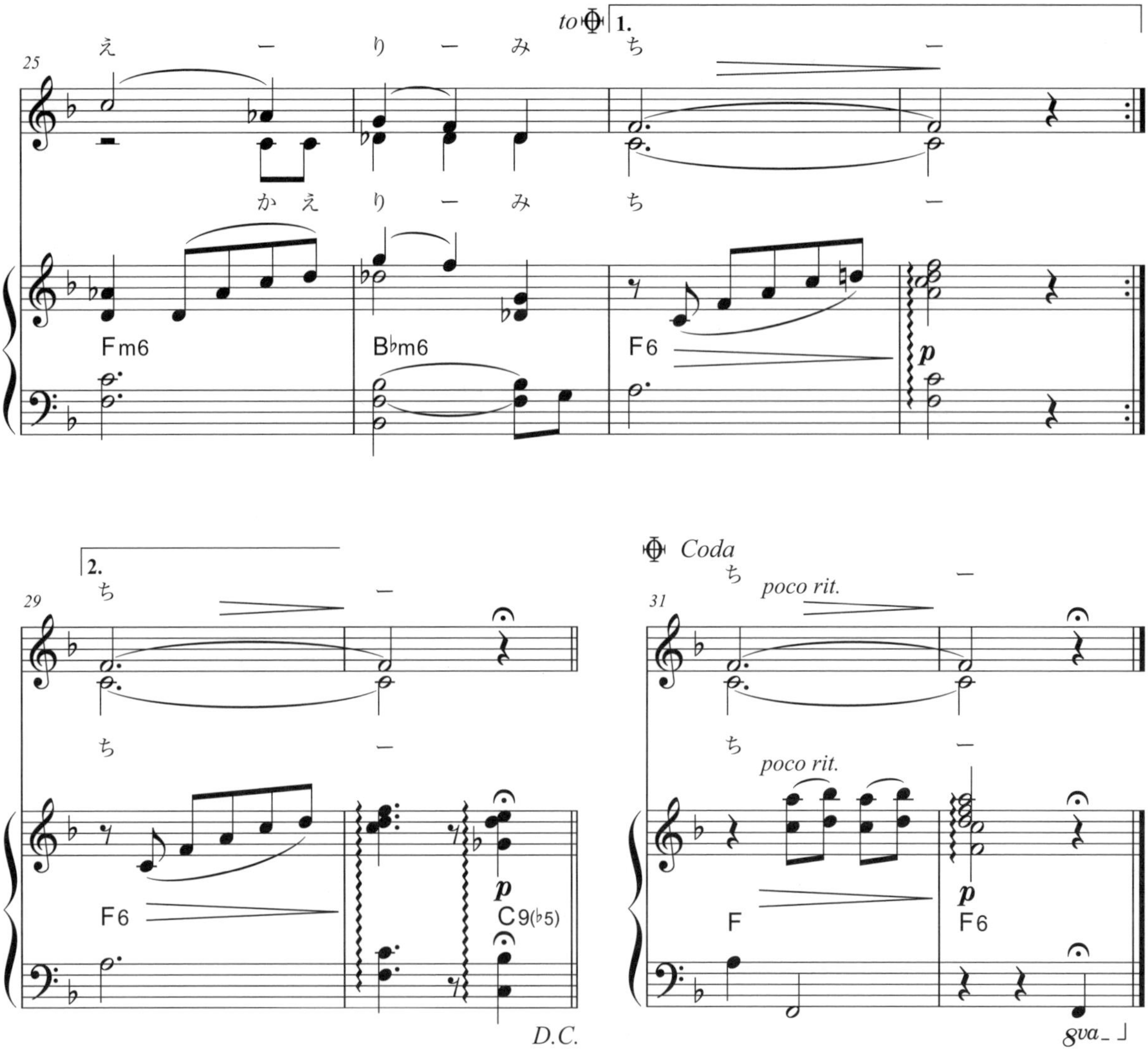

約束の道　帰り道

野田裕司

並《なら》んだ並《なら》んだ　ランドセル
仲《なか》よし二人《ふたり》の　歩《ある》く道《みち》
今日《きょう》の続《つづ》きは「また明日《あした》」
君《きみ》と僕《ぼく》との合言葉《あいことば》
約束《やくそく》の道《みち》　帰《かえ》り道《みち》

咲《さ》いてる咲《さ》いてる　花畑《はなばたけ》
いつもの道草《みちくさ》　通《とお》り道《みち》
今日《きょう》も会《あ》えたね「また明日《あした》」
花《はな》と僕《ぼく》との合言葉《あいことば》
約束《やくそく》の道《みち》　帰《かえ》り道《みち》

夕焼《ゆうや》け夕焼《ゆうや》け　紅《あか》い空《そら》
カラスが啼《な》いてる　日暮《ひぐ》れ道《みち》
今日《きょう》が終《お》わるよ「また明日《あした》」
影《かげ》と僕《ぼく》との合言葉《あいことば》
約束《やくそく》の道《みち》　帰《かえ》り道《みち》

ゆきふわり

萩原里実

ふわふわゆきが
そらからちらり
やさしく おりてきて
そとは まっしろ
ゆきげしき

ふわふわゆきが
のはらのうえに
うさぎがかおだして
こころゆったり
ゆきあそび

ふわふわゆきが
しとしととけて
においがかわったら
もうすぐそこに
はるげしき

第3回　新しいこどもの歌作詞コンクール　「こいのぼり賞」受賞作品

ゆきふわり

萩原里実　作詞
白谷仁子　作曲

作品へのコメント

コロナ禍でこどもたちは毎日マスクをしながら過ごしています。目まぐるしいくらい慌ただしい現代社会の中、少しでも自然の匂いや情景がイメージできるよう願いを込めて作詞しました。未来ある子どもたちが小さな自然にも目を向けられるよう、今後も歌を通して伝えていきたいです。(萩原里実)

“ふわふわ”というオノマトペが、言葉のリズムに調和し、まるで大正～昭和初期の童謡を口ずさむように楽しくメロディーを乗せることができました。雪景色の美しさ、そして、やがて訪れる春景色への喜びを込めて歌ってください。(白谷仁子)

17
3. ふ わ ふ わ ゆ き が し と し と と け
20
て に お い が か わ っ た ら も う す ぐ
23
そ こ に は る げ し き
27
rit.

夢の約束

さいとうかよこ　作詞
西田直嗣　作曲

作品へのコメント

学生時代、動物園に行く約束をして上野駅できっと来ると信じて２時間待っていたが結局来なかったことや、遠泳大会で逗子から江ノ島まで泳いだこと、江ノ電に乗って紫陽花を見に行ったこと、海がキラキラと光っていたことなどを懐かしく思い出しながら作曲しました。「オー　ルリルリ」とは？ それを敢えて謎のまま取り組んだことで神秘的な気持ちを持って作曲することが出来ました。やっぱり「君＝ルリちゃん」なんですかねえ……（西田直嗣）

12
あ ま ぎ の　か ぜ
poco rallent.
Allegro
15
オー　ル リ ル リ　オー　ル リ ル リ　き み は く る　きっ と く る
19
オー　ル リ ル リ　オー　ル リ ル リ　き み は く る
23
オー　ル リ ル リ　オー　ル リ ル リ　え の し ま　え の で ん

27
あおい そら
きみのポッケの
30
こびとです
きみのポッケのこびとです
34
オールリルリ オールリルリ
だまって そっと
38
オールリルリ しょうしゃな
しろいやかた

41
meno mosso
espress.
sostenuto
な み し ぶ き
43
poco rallent.
ゆ め の し つ ら い
オー ル リ ル リ
ほ ら
46
わ た し の
キ ラ キ ラ
poco rallent.
キ ラ キ ラ キ ラッ
49
poco rallent.
サ ン ー ダ ル
が
オー ル
リ ル リー ー
brillante
espress.

夢の約束

さいとうかよこ

石楠花《しゃくなげ》 ときめき 青い空
木立の伊吹き 天城の風
オールリルリ 君は来る きっと来る
オールリルリ 江ノ島 江ノ電 青い空
君のポッケの小人です
オールリルリ 黙ってそっと
オールリルリ 瀟洒《しょうしゃ》な 白い館
波しぶき 夢のしつらい
オールリルリ ほら 私のキラキラキラッ サンダルが
オールリルリ

ラーメンいっちょう！

三木ちかこ　作詞
岩下周二　作曲

作品へのコメント

おいしそうなラーメンを思い浮かべながら元気よく歌ってください。（三木ちかこ）

ぼくらがお店でラーメンを待ってる間、お店のおくは大いそがし。めんはゆで上がったかな、具はまちがってないかな、どれがどのお客さんのラーメンかな。ほらほら、もう次の注文が来てるよ！　…おいしかったラーメンの「ごちそうさま」には、こんな気持ちを忘れずに。「ありがとう。ご苦労さま」（岩下周二）

11
mp
mf
ねぎもたっぷり　ナルトも
べにしょーうが　たまごも
ねぎキャーベツ　コーンも
いれたよ　めしあがれ
14
1.
f
3
1.しょうゆラーメン　いっちょあがり！
sotto
17
2.
2.とんこつラーメン　いっちょあがり！
sotto

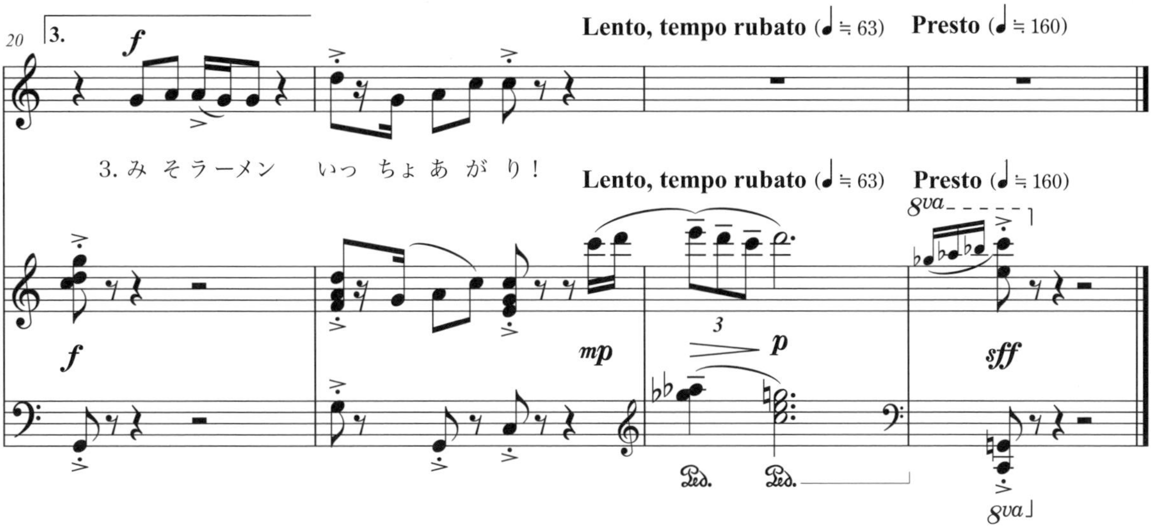

ラーメンいっちょう！

三木ちかこ

1、
ゆげが　もこもこ　ゆげが　ふわふわ
ラーメン　いっちょう　できあがり
チャーシュー　メンマ　ねぎもたっぷり
ナルトもいれたよ　めしあがれ
しょうゆラーメン　いっちょあがり！

2、
ゆげが　もこもこ　ゆげが　ふわふわ
ラーメン　いっちょう　できあがり
チャーシュー　たかな　べにしょうが
たまごもいれたよ　めしあがれ
とんこつラーメン　いっちょあがり！

3、
ゆげが　もこもこ　ゆげが　ふわふわ
ラーメン　いっちょう　できあがり
チャーシュー　もやし　ねぎ　キャベツ
コーンもいれたよ　めしあがれ
みそラーメン　いっちょあがり！

りすのこ

宝積侑子　作詞
藤元薫子　作曲

作品へのコメント

歌は伴奏のフレーズにとらわれないで自由にかわいく歌って下さい（藤元薫子）

りすのこ

宝積侑子

一、りすのこ一匹
みーつけた
どんぐりの枝でひと休み
ふわふわしっぽが見えてます

二、りすのこ二匹
みーつけた
枝から枝へおにごっこ
ふわふわしっぽが揺れてます

三、りすのこ三匹
みーつけた
大きいりすのこ先頭に
二匹の小りすがならんでる
ふわふわしっぽが可愛いな

りんりん鈴虫りん太郎

清水みどり　作詞
松岡まさる　作曲

作品への
コメント

夏の太陽、暑い日射しが遠ざかると、夕べは涼しい風が吹きはじめます ── 。日暮れてお庭の葉かげから、聞こえてくるのはにぎやかに合唱する虫たち、はつあきの音楽会。その中心には、りんりん鈴虫たちの鳴き声が聞こえてる。調子を取り、なんとも楽しげに、一生懸命に鳴く短いいのちの虫たちが、ことしも季節のかわり目を教えます。月も星も静かに空から見まもり聴いています。りんりん鳴き合う小さな虫たちの、美しくやさしく力強い、いのちのオーケストラが詩になりました。(清水みどり)

楽しく鈴虫が合唱している様をリズミカルに元気よく表現していただけると嬉しいです。(松岡まさる)

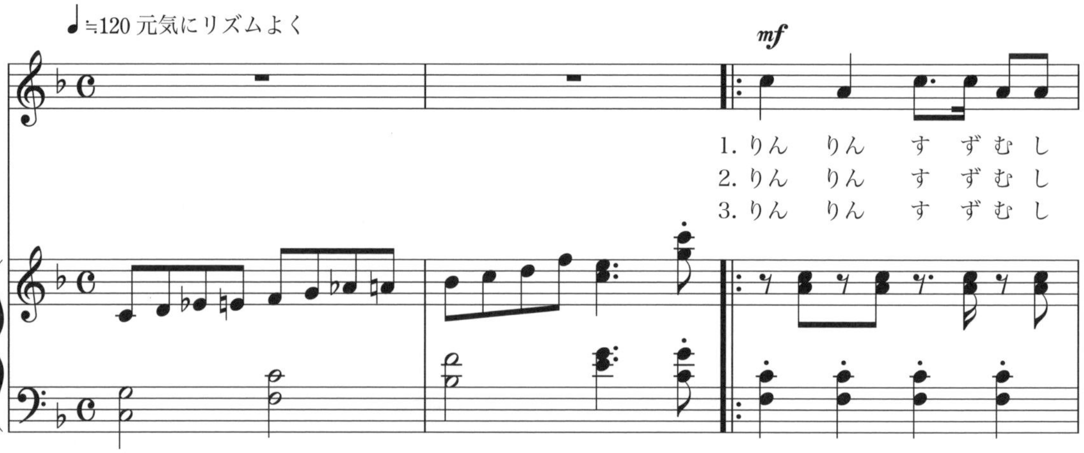

mp
くさのはかげのりんたろう すずかぜそよそよ
ダリアのにーわのりんたろう あーまいくさつゆ
リンリンちいーさなすずふって ちいさなからーだ
mf
ふいてるよ いちばんぼしも
おいしいな おーほしさまたち
ふるわせて いっしょうけんめい
f
ff
かがやいた
うたいだす
ないている
1, 2.
3.
りんりんすずむし りんたろーうう

りんりん鈴虫りん太郎

清水　みどり

一　りんりん鈴虫　りん太郎
リンリン　リンリン　なぜ鳴くの
草の葉かげのりん太郎
涼かぜそよそよ吹いてるよ
一番星もかがやいた

二　りんりん鈴虫　りん太郎
リンリン　リンリン　にぎやかね
ダリアの庭のりん太郎
甘い草つゆおいしいな
お星さまたち歌いだす

三　りんりん鈴虫　りん太郎
まんまる月も出るころね
リンリン小さな鈴ふって
小さなからだ震わせて
一生けんめい鳴いている
りんりん鈴虫　りん太郎

全日本児童音楽協会 作詞・作曲会員募集のご案内

本会は、毎年「新しい子どもの歌」曲集の発刊、「新しい子どもの歌コンサート」、「新しい子どものうた作詞コンクール」の開催などを行っています。

音楽の創造を目指す方には、良いチャンスでもあります。
本会に入会を希望される方は、下記までお問い合わせください。

【連絡先】　**全日本児童音楽協会 事務局**

〒160-0023 東京都新宿区西新宿 3-9-28-301
Office.SHIMOJISSIMO 内
電話：03-6383-3936
FAX：03-6300-9937
Mail：info@zenjion.jp
HP　：http://zenjion.jp

子どものための楽曲創作を目的として発足し、半世紀を越える歴史を持つ作詞家と作曲家による作家団体である全日本児童音楽協会が編纂した子どもの曲集

新しい子どもの歌 2018

全日本児童音楽協会編

B5版 48ページ
定価1,600円（税込1,760円）

ISBNコード：9784907121716
JANコード：4524518008991

「空ってきれい」「オカリナを吹く少女」「すぐ」「I'm so glad to meet you」「落ち葉のかけっこ」「すみれ物語」など全17曲を収めた、ピアノ伴奏譜つきの子どもの歌の楽譜集。

○空ってきれい
作詞：さいとうかよこ／作曲：柳井和郎

○大好きふるさと かいでん馬
作詞：平川文夫／作曲：藤元薫子

○少女
作詞：平川文夫／作曲：中山まり

○オカリナを吹く少女
作詞：平川文夫／作曲：岩下周二

○虹色の気球にのって
作詞：田沢節子／作曲：塚本一実

○春がそこまで
作詞：長谷川智子／作曲：藤元薫子

○すぐ
作詞：下司愉宇起／作曲：北澤秀夫

○I'm so glad to meet you
作詞：小泉喜美子／作曲：藤元薫子

○秋なのに
作詞：小泉喜美子／作曲：宝積侑子

○ジャガランダの花
作詞：小泉喜美子／作曲：宮嶋固建

○すずめのおしゃべり
作詞：林みやこ／作曲：上田ますみ

○赤い実
作詞：林みやこ／作曲：北澤秀夫

○落葉のかけっこ
作詞：林みやこ／作曲：宮嶋固建

○ねぎぼうず
作詞：藤岡きみこ／作曲：北澤秀夫

○もぐらが眼鏡を
作作詞：藤岡きみこ／作曲：宮嶋固建

○すみれ物語
作詞：藤岡きみこ／作曲：ほうづみひでのり

○春でしょか
作詞：小泉明子／作曲：北澤秀夫

新しい子どもの歌 2019

全日本児童音楽協会編

B5版 48ページ
定価1,600円（税込1,760円）

ISBNコード：9784907121761
JANコード：452451800900

「雲のかげぼうし」「千羽鶴」「手と目で伝え合えたら」「萩の花」「まねっこいぬ」など全16曲を収めた、ピアノ伴奏譜つきの子どもの歌の楽譜集

○**赤い貝白い貝さくら貝**（小学校高学年向け）
作詞：平川文夫／作曲：柳井和郎

○**まいごのこいぬ**（小学校中学年以上向け）
作詞：林みやこ／作曲：ほうづみひでのり

○**雲のかげぼうし**（小学校高学年向け）
作詞：小泉喜美子／作曲：中山まり

○**急ぎあし**（小学校低学年向け）
作詞：長谷川智子／作曲：藤脇千洋

○**氷河のお話**（小学校高学年向け）
作詞：小泉喜美子／作曲：中西明子

○**いちりんのはな**（小学校中学年～大人まで）
作詞：下司愉宇起／作曲：岩下周二

○**千羽鶴**（小学生の古典＆ポップ）
作詞：藤岡きみこ／作曲：塚本一実

○**まっかだよ**（小学校高学年向け）
作詞：林みやこ／作曲：北島幸作

○**風船かずら**（小学校高学年以上向け）
作詞：小泉明子／作曲：上田ますみ

○**手と目で伝え合えたら**（小学校中学年向け）
作詞：平川文夫／作曲：北澤秀夫

○**萩の花**（合唱への導入・小学校3年生くらい）
作詞：藤岡きみこ／作曲：北澤秀夫

○**まねっこいぬ**（小学校低学年向け）
作詞：林みやこ／作曲：藤元薫子

○**アリのきょうだい**（小学校中～高学年向け）
作詞：藤岡きみこ／作曲：藤元薫子

○**群れ飛ぶ赤トンボ**（小学校中学年以上向け）
作詞：澁谷博／作曲：宝積侑子

○**めだかのあかちゃん**（小学校低学年向け）
作詞：平川文夫／作曲：宮嶋固建

○**Children's daily life**（小学校高学年向け）
作詞：小泉喜美子／作曲：宮嶋固建

新しい子どもの歌2020

全日本児童音楽協会編

B5版 52ページ
定価1,980円（税込2,178円）

ISBNコード：9784907121297
JANコード：452451801036

子どものための楽曲創作を目的として発足し、半世紀を越える歴史を持つ、作詞家と作曲家による作家団体「全日本児童音楽協会」が編纂した、子どものための曲集「新しい子どもの歌」の第3弾です。この曲集には、何気ない日常のことから広い世界のこと、くすっと笑えたりなるほどと感慨深くなったり・・・色々な景色や感情につれていってくれる素敵な詞とメロディーの全16作品がおさめられています。子どもたちだけではなく大人にもぜひ歌ってほしい、私たちの心を解き癒してくれる、懐かしくてあたたかい音楽をぜひお楽しみください。（下司愉宇起）

○今日のお風呂
作詞：小泉明子／作曲：藤元薫子

○あめあめふれふれ
作詞：平川文夫／作曲：中山まり

○まだ寒い
作詞：小泉明子／作曲：北澤秀夫

○あくびがリレー
作詞：藤岡きみこ／作曲：宮嶋固建

○みのむし
作詞：藤岡きみこ／作曲：宝積侑子

○サンゴが歌う　白い砂浜
作詞：黒田勲子／作曲：岩下周二

○フリージァ
作詞：平川文夫／作曲：藤脇千洋

○たんぽぽのわた毛
作詞：藤岡きみこ／作曲：藤元薫子

○マッターホルン雲の上
作詞：こいずみきみこ（西脇久夫補作）／作曲：島田克也

○金木犀
作詞：小泉喜美子（西脇久夫補作）／作曲：新藤理恵

○さよなら秋
作詞：小泉明子／作曲：柳井和郎

○歌がうまいねあの子
作詞：平川文夫／作曲：宮嶋固建

○あじさいの花
作詞：田沢節子／作曲：北澤秀夫

○海は、ゆっくり深呼吸
作詞：小泉喜美子（西脇久夫補作）／作曲：上田ますみ

○9がつのおくりもの♪
作詞：下司愉宇起／作曲：塚本一実

○わたしはけしゴム
作詞：藤本美智子／作曲：藤元薫子

新しい子どもの歌 2021

全日本児童音楽協会編

B5版 184ページ

定価2,800円（税込3,080円）

ISBNコード：9784907121327
JANコード：4524518010390

未来を担う子どもたちの心の引き出しに、今生まれ生きる音楽を提供することを目標に毎年新作こどものうたを発表している全児童音楽協会の2021年作品集。あたらしい、たのしい・うれしい・おもしろいが詰まった一冊。発表会やレクリエーション、さまざまなシーンでユニークな演出が期待できます。（下司愉宇起）

○**春の小さな芽**（小学校高学年から）
作詞：黒田勲子／作曲：石水誠

○**丘にのぼれば**（小学校中学年から）
作詞：小泉明子／作曲：小林聡羅

○**くるった時計**（小学校中学年向き）
作詞：小泉明子／作曲：久米詔子

○**故郷のうた**（小学校5年生から）
作詞：小泉明子／作曲：藤元薫子

○**秋が終ろうとしている**（小学校高学年から）
作詞：さいとうかよこ／作曲：中田恒夫

○**声は心のハーモニー**（小学校3年生から）
作詞：宍戸幽香里／作曲：藤元薫子

○**ゆきの山の動物園**（小学校低学年向き）
作詞：宍戸幽香里／作曲：安元麦

○**小人の大工さん**（小学校低学年向き）
作詞：藤岡きみこ／作曲：藤脇千洋

○**春はいつか**（小学校低学年向き）
作詞：藤岡きみこ／作曲：藤中聖也

○**れんげ草**（小学校高学年から大人まで）
作詞：藤岡きみこ／作曲：白谷仁子

○**木の気分**（小学校低学年から）
作詞：藤本美智子／作曲：北澤秀夫

○**かるがもママ**（小学校3、4年生向き）
作詞：安倍暁／作曲：木村茂雄

○**ジャンケンポン**（小学校低学年向き）
作詞：大きな耳／作曲：宮嶋固建

○**きんもくせい**（小学校高学年から）
作詞：桂ほのか／作曲：伊沢天寿

○**はるのさんぽみち**（小学校低学年から高学年）
作詞：小宮正人／作曲：小田実結子

○**ごせんぞさま**（小学校低学年から中学年）
作詞：境まさる／作曲：小林仁美

○**タイムマシン**（小学校低学年から）
作詞：佐久間英興／作曲：北澤秀夫

○**うちゅうじん**（全学年対象）
作詞：ささじかおり／作曲：神保創一

○**せいたかのっぽのきりんさん**（幼稚園児から小学校低学年）
作詞：佐藤きりん／作曲：宝積侑子

○**それは何じゃ**（小学校中学年から大人まで）
作詞：白土義隆／作曲：新藤理恵

○**ハートフルアース**（小学校中学年から高学年向き）
作詞：野田裕司／作曲：久保共生

○**おはよう通学路**（小学校低学年から）
作詞：ひろひろ／作曲：北澤秀夫

○**うたがうまれた**（小学校中学年向き）
作詞：やまぐちりりこ／作曲：平井由美

○**ぞうのゆめ ありのゆめ**（小学校低学年用）
作詞：やまぐちりりこ／作曲：中山まり

○**ゆっくりくるり**（小学校中学年向き）
作詞：山下時空／作曲：小畑有史

○**オオイヌノフグリ**（小学校高学年以上から大人まで）
作詞：田沢節子／作曲：柳井和郎

○**朝の雲**（小学校高学年向き）
作詞：小泉喜美子／作曲：宮嶋固建

○**ぼくらは 元気 ひかりの子**（小学校4学年から）
作詞：小泉喜美子／作曲：藤元薫子

○**すてきなプレゼント**（小学校低学年から中学年向き）
作詞：黒田勲子／作曲：宮嶋固建

○ **いろ**（小学校高学年から）
作詞：下司愉宇起／作曲：木下紀子

○**うっかりお月**（小学校低学年から）
作詞：下司愉宇起／作曲：岩下周二

○**ともだちになろうよ！**（小学校低学年から）
作詞：下司愉宇起／作曲：塚本一実

○**空の色**（小学校4学年から）
作詞：おのゆうと／作曲：望月竜太

○**小さな手**（小学校高学年から大人まで）
作詞：江上惠子／作曲：江上惠子

○**希う**（小学校高学年から大人まで）
作詞：関戸由佳／作曲：関戸由佳

○**もうすぐ夜明け**（小学校高学年から）
作詞：小泉喜美子／作曲：上田ますみ

■全日本児童音楽協会創立60周年記念　新しい子どものうた作詞コンクール

○**踏み出そう！**（子どもの部チューリップ賞）
作詞：リコピン／作曲：安元麦

○**未来につなげ**（子どもの部こいのぼり賞）
作詞：入山結衣／作曲：加藤新平

○**はるのうた**（子どもの部すいか賞）
作詞：ブルーミング・レイ／作曲：ブルーミング・レイ（補作曲）新藤理恵

○**あなたが産まれた朝に**（大人・一般の部チューリップ賞）
作詞：鳥羽山美和／作曲：小林聡羅

○**そらとうみとおほしさま**（大人・一般の部こいのぼり賞）
作詞：とりをなみ／作曲：上田ますみ

○**ぼくはぞうだぞう**（大人・一般の部ゴロちゃん賞）
作詞：鈴木紀代／作曲：塚本一実

■全全日本児童音楽協会 創立60周年記念曲

○**ザ・かえる・オーケストラ**（小学校低学年から）
作詞：だてしゅん／作曲：新藤理恵

○**なみはけしごむ**（小学校高学年向き）
作詞：岩城建／作曲：宝積侑子

○**庭の木蓮**（小学校高学年から）
作詞：下司愉宇起／作曲：青島広志

○**母の思い出**（小学校高学年向き）
詞：宍戸幽香里／作曲：宍戸幽香里

○**ぼくが鳥になったら**（小学校低学年から）
作詞：西多賀ベッドスクール児童／作曲：松村禎三

○**ゆずの木**（小学校全般向き）
作詞：杉山かずひで／作曲：上田ますみ

新しい子どもの歌 2022

全日本児童音楽協会編

B5版　184 ページ
定価 3,080 円(本体 2,800 円＋税)

ISBN コード : 9784907121341
JAN コード : 4524518010406

未来を担う心の引き出しに、今生まれ生きる音楽を届けたい！　その思いから毎年、新作こどものうたを発表している全日本児童音楽協会の2022年作品集。個性豊かな楽曲が詰まった一冊のため、教育現場や子ども向けのイベント、発表会までさまざまなシチュエーションで活用していただけます。

○**朝顔の君**（小学校中学年から）
作詞：さいとうかよこ／作曲：伊沢天寿

○**アスパラ　パラパラ**
（小学校低学年から高学年向き）
作詞：東西　薫／作曲：松岡まさる

○**イケメン野菜の歌**（小学校低学年から）
作詞：遥　北斗／作曲：中田恒夫

○**カスタネット**（小学校高学年から）
作詞：藤岡きみこ／作曲：木下紀子

○**風さんあそぼ**（小学校中学年向き）
作詞：田沢節子／作曲：藤元蒸子

○**かもめの言葉**（小学校低学年向き）
作詞：小泉明子／作曲：小林聡羅

○**きらきらひかる**（小学校低学年から大人まで）
作詞：三木ちかこ／作曲：新藤理恵

○**くつクック**（小学校中学年から高学年向き）
作詞：田沢節子／作曲：藤脇千洋

○**心の花**（小学校中学年向き）
作詞：秋山くに／作曲：岩下周二

○**こころは地球**（小学校低学年から）
作詞：笛木あゆ／作曲：伊沢天寿

○**ごはん（小学校低学年から）**
作詞：鳥羽山美和／作曲：小鹿　紡

○**コンペイトウダンゴムシ**
（小学校３～４年生向き）
作詞：草丈／作曲：安元　麦

○**さくらの木のしたで**
（小学校高学年から大人まで）
作詞：むかいゆうこ／作曲：むかいゆうこ

○**さくら咲く国日本**
作詞：野田裕司／作曲：北澤秀夫

○**しあわせたんけんたい**
（小学校高学年から大人まで）
作詞：甲斐絢子／作曲：木下紀子

○**じいちゃんの祈り**（小学校中学年から）
作詞：清水みどり／作曲：久保共生

○**水仙の花**（小学校高学年から）
作詞：さいとうかよこ／作曲：白谷仁子

○**水道の水**（小学校中学年から）
作詞：藤岡きみこ／作曲：宮嶋固建

○**すきすき モースキート・ラブ**
（小学校高学年から大人まで）
作詞：下司愉宇起／作曲：小畑有史

○**そっくりゆきだるま**
作詞：小宮正人／作曲：北澤秀夫

○**そらへとぶクジラ**（小学校高学年から）
作詞：桂　ほのか／作曲：江上惠子

○**田んぼのかえる**（小学校中学年から）
作詞：藤岡きみこ／作曲：高河誠太郎

○**小さな手**（小学校低学年向き）
作詞：秋山くに／作曲：宮嶋固建

○**机の上の旅**（小学校全学年対象）
作詞：鳥羽山美和／作曲：木村茂雄

○**つぼみ、ひらく**（小学校４年生から）
作詞：おのゆうと／作曲：望月竜太

○**とおいおと**（小学校低学年から中学年）
作詞：小宮正人／作曲：小林仁美

○**虹色になれ**（小学校低学年から）
作詞：笛木あゆ／作曲：高河誠太郎

○**ねこのここねこ**（小学校中学年から）
作詞：境まさる／作曲：上田ますみ

○**はる**（小学校低学年から）
作詞：たまこ／作曲：加藤新平

○**春に恋**（小学校中学年から）
作詞：野田裕司／作曲：小田実結子

○**春の雪**
作詞：さいとうかよこ／作曲：北澤秀雄

○**人は皆地球の兄弟**
作詞：蛙屋萬斎／作曲：柳井和郎

○**ぼくは天才シェフクックレンジャー**
（小学校低学年から）
作詞：吉沢美栄／作曲：久保共生

○**僕らの未米地図**（小学校高学年から）
作詞：関戸由佳／作曲：関戸由佳

○**ぽつねん**
作詞：木村キリコ／作曲：藤中聖也

○**ポンポンポポン**（小学校高学年から大人まで）
作詞：遥　北斗／作曲：神保創一

○**まんまるお月さま**（小学校高学年から）
作詞：鈴木紀代／作曲：塚本一実

○**水色の空**（小学校高学年向き）
作詞：さいとうかよこ／作曲：藤元薫子

○**みのむしくん**（幼児から小学生向き）
作詞：小泉明子／作曲：松岡まさる

○**みんな分身**（小学校高学年向き）
作詞：山下時空／作曲：中山まり

○**夕焼けさん**（幼稚園児から小学校低学年）
作詞：境まさる／作曲：宝積侑子

○**ゆめいっぱい**（小学校低学年から）
作詞：むかいゆうこ／作曲：むかいゆうこ

○**わたしにいもうとできたの**
（小学校低学年向き）
作詞：高岡きょう子／作曲：平井由美

ぜんじおん子どものうた 1

令和 5 年 8 月 26 日 第1版第1刷

編・著者　一般社団法人 全日本児童音楽協会
東京都新宿区西新宿 3-9-28-301
Office.SHIMOJISSIMO 内
電話：03-6383-3936　FAX：03-6300-9937

発　　行　株式会社 ハンナ
東京都目黒区中目黒 3-6-4 中目黒 NN ビル 2F
電話：03-5721-5222

表紙イラスト：果那ときお
表紙デザイン：根津美樹
楽譜浄書：メイプルミュージック
印刷・製本：モリモト印刷株式会社

日本音楽著作権協会 (出) 許諾第 2305313-301
(許諾番号の対象は、当該出版物中、当協会が許諾することのできる著作物に限られます)
この音楽著作物の全部または一部を権利者に無断で複製（コピー）することは、著作権の侵害にあたり、著作権法により罰せられます。
© All-Japan Association of The Creation of Children's Songs, HANNA Corporation of 2023 Printed in Japan ISBN978-4-907121-80-8